DU MÊME AUTEUR

Aux Éditions Gallimard

LA SOCIÉTÉ DU SPECTACLE («Folio», *n° 2788*).

COMMENTAIRES SUR LA SOCIÉTÉ DU SPECTACLE, *suivi de* PRÉFACE À LA QUATRIÈME ÉDITION ITALIENNE DE «LA SOCIÉTÉ DU SPECTACLE» («Folio», *n° 2905*).

CONSIDÉRATIONS SUR L'ASSASSINAT DE GÉRARD LEBO-VICI.

PANÉGYRIQUE. *Tome premier.*

«CETTE MAUVAISE RÉPUTATION...» («Folio», *n° 3149*).

ŒUVRES CINÉMATOGRAPHIQUES COMPLÈTES.

«POTLATCH» 1954-1957. *Présenté par Guy Debord* («Folio», *n° 2906*).

IN GIRUM IMUS NOCTE
ET CONSUMIMUR IGNI
suivi de
ORDURES ET DÉCOMBRES

GUY DEBORD

IN GIRUM
IMUS NOCTE
ET CONSUMIMUR IGNI

Édition critique augmentée
de notes diverses de l'auteur

suivi de

ORDURES ET DÉCOMBRES

GALLIMARD

Les livres de Guy Debord sont publiés
aux Éditions Gallimard par les soins d'Antoine Gallimard
et de Patrick Mosconi

Préambule à la présente édition

Le 1ᵉʳ janvier 1977, Guy Debord signait un contrat[1] avec la société Simar Films pour la réalisation d'un long métrage en 35 mm, en noir et blanc, d'une durée de 90 mn. Il y était stipulé, d'entrée : « Il est entendu que l'auteur accomplira son travail en toute liberté, sans contrôle de qui que ce soit, et sans tenir compte de quelque observation que ce soit sur aucun aspect du contenu ni de la forme cinématographique qu'il lui paraîtra convenable de donner à son film. » Le titre même du film ne fut révélé qu'une fois celui-ci réalisé. C'est ainsi que procédait Guy Debord, suivant toujours « un principe naturellement peu favorable à la spéculation financière », et ses producteurs ne s'en plaignirent point.

Les media, *eux, au nom d'un public autrement malmené, regimbèrent.* Ordures et décombres déballés à la sortie du film «In girum imus nocte et consumimur igni», *qui paraissait en 1982, sans le moindre commentaire (et que nous reprenons en l'augmentant de deux articles), a fait état des diverses réactions, peu variées, de la presse.*

Face au mur d'incompréhension plus ou moins feinte et aux

---

1. Il figure *in extenso* dans *Des contrats,* aux éditions Le temps qu'il fait (1995).

*interprétations erronées, Guy Debord jugea utile en 1990 de
publier une édition critique du texte de son film. Dès la première
note, il précisait sans ménagement :* « Il est sûr qu'un tel genre de
film n'avait pas vraiment sa place dans le cinéma; comme on
voit maintenant que le cinéma lui-même n'en a plus guère dans
la société. Les seules paroles, à condition d'ajouter quelques notes
pour aider à les comprendre, seront néanmoins instructives.
Notre temps aura laissé peu d'écrits qui envisagent aussi franchement les grandes transformations qui l'ont marqué. Qu'auraient donc pu en voir et en dire de vrai ceux qui ont partagé
quelque chose de ses illusions et de ses ambitions combinées ? »

C'est ce texte que nous donnons ici à relire. Il sera complété de la
Liste des citations ou des détournements *que son auteur
avait établie à l'usage des traducteurs présents et à venir, d'une*
Note sur l'emploi des films volés, *si nécessaire à la compréhen-
sion du détournement dans ce qu'il a de créatif-subversif, à l'op-
posé du plagiat pur et simple dont l'œuvre même de Guy Debord
semble être la dernière cible en vogue, et du* Mode d'emploi du
détournement *paru en 1956. Il sera surtout suivi, et de manière
essentielle, d'une note inédite, datée du 22 décembre 1977, qui
donne à voir comme personne d'autre ne l'a fait, ni n'aurait pu le
faire, les images, la poésie et le sens profond qui tissent la trame
d'un film dont le thème tourne autour de* « la vie réelle ».

Iniquement accusé par ces mêmes media *d'avoir assassiné son
éditeur et par mépris pour un public indigne, Guy Debord avait
décidé de leur retirer, jusqu'à sa mort, la possibilité de voir projetés
ses films à l'écran. Il a tenu parole. Les temps auraient-ils changé,
à présent, que tant de gens nous en réclament aujourd'hui les
droits de diffusion ?* « NE ME FAITES PAS RIRE », *aurait-il dit.*

Alice Debord

IN GIRUM IMUS NOCTE ET CONSUMIMUR IGNI

ÉDITION CRITIQUE

Je ne ferai, dans ce film[1], aucune concession au public. Plusieurs excellentes raisons justifient, à mes yeux, une telle conduite ; et je vais les dire.

Tout d'abord, il est assez notoire que je n'ai nulle part fait de concessions aux idées dominantes de mon époque, ni à aucun des pouvoirs existants.

Par ailleurs, quelle que soit l'époque, rien d'important ne s'est communiqué en ménageant un public, fût-il composé des contemporains de Périclès ; et, dans le miroir glacé de l'écran, les spectateurs ne voient présentement rien qui évoque les citoyens respectables d'une démocratie.

1. En 1978, un film illustrait effectivement ce discours. Il est sûr qu'un tel genre de film n'avait pas vraiment sa place dans le cinéma ; comme on voit maintenant que le cinéma lui-même n'en a plus guère dans la société. Les seules paroles, à condition d'ajouter quelques notes pour aider à les comprendre, seront néanmoins instructives. Notre temps aura laissé peu d'écrits qui envisagent aussi franchement les grandes transformations qui l'ont marqué. Qu'auraient donc pu en voir et en dire de vrai ceux qui ont partagé quelque chose de ses illusions et de ses ambitions combinées ?

Voilà bien l'essentiel : ce public si parfaitement privé de liberté, et qui a tout supporté, mérite moins que tout autre d'être ménagé. Les manipulateurs de la publicité, avec le cynisme traditionnel de ceux qui savent que les gens sont portés à justifier les affronts dont ils ne se vengent pas, lui annoncent aujourd'hui tranquillement que « quand on aime la vie, on va au cinéma[1] ». Mais cette vie et ce cinéma sont également peu de chose ; et c'est par là qu'ils sont effectivement échangeables avec indifférence.

Le public du cinéma, qui n'a jamais été très bourgeois et qui n'est presque plus populaire, est désormais presque entièrement recruté dans une seule couche sociale, du reste devenue large : celle des petits agents spécialisés dans les divers emplois de ces « services » dont le système productif actuel a si impérieusement besoin : gestion, contrôle, entretien, recherche, enseignement, propagande, amusement et pseudo-critique. C'est là suffisamment dire ce qu'ils sont. Il faut compter aussi, bien sûr, dans ce public qui va encore au cinéma, la même espèce quand, plus jeune, elle n'en est qu'au stade d'un apprentissage sommaire de ces diverses tâches d'encadrement.

Au réalisme et aux accomplissements de ce fameux système, on peut déjà connaître les capacités personnelles des exécutants qu'il a formés. Et en effet ceux-ci se trompent sur tout, et ne peuvent que déraisonner sur des

---

1. On venait de mener autour de l'imbécile slogan la campagne de publicité qui n'a pas persuadé le public de revenir dans les salles de cinéma.

mensonges. Ce sont des salariés pauvres qui se croient des propriétaires, des ignorants mystifiés qui se croient instruits, et des morts qui croient voter.

Comme le mode de production les a durement traités ! De progrès en promotions, ils ont perdu le peu qu'ils avaient, et gagné ce dont personne ne voulait. Ils collectionnent les misères et les humiliations de tous les systèmes d'exploitation du passé ; ils n'en ignorent que la révolte. Ils ressemblent beaucoup aux esclaves, parce qu'ils sont parqués en masse, et à l'étroit, dans de mauvaises bâtisses malsaines et lugubres ; mal nourris d'une alimentation polluée et sans goût ; mal soignés dans leurs maladies toujours renouvelées ; continuellement et mesquinement surveillés ; entretenus dans l'analphabétisme modernisé[1] et les superstitions spectaculaires qui correspondent aux intérêts de leurs maîtres. Ils sont transplantés loin de leurs provinces ou de leurs quartiers, dans un paysage nouveau et hostile, suivant les convenances concentrationnaires de l'industrie présente. Ils ne sont que des chiffres dans des graphiques que dressent des imbéciles.

Ils meurent par séries sur les routes, à chaque épidémie de grippe, à chaque vague de chaleur, à chaque erreur de ceux qui falsifient leurs aliments, à chaque innovation technique profitable aux multiples entrepreneurs d'un décor dont ils essuient les plâtres. Leurs éprouvantes

---

1. L'analphabétisme modernisé ne signifiait à ce moment rien d'autre que la simple culture spectaculaire. C'est quelques années après que l'on a pu constater que celle-ci ramenait aussi l'analphabétisme proprement dit, sous une forme atypique.

conditions d'existence entraînent leur dégénérescence physique, intellectuelle, mentale. On leur parle toujours comme à des enfants obéissants, à qui il suffit de dire : « il faut », et ils veulent bien le croire. Mais surtout on les traite comme des enfants stupides, devant qui bafouillent et délirent des dizaines de spécialisations paternalistes, improvisées de la veille, leur faisant admettre n'importe quoi en le leur disant n'importe comment ; et aussi bien le contraire le lendemain.

Séparés entre eux par la perte générale de tout langage adéquat aux faits, perte qui leur interdit le moindre dialogue ; séparés par leur incessante concurrence, toujours pressée par le fouet, dans la consommation ostentatoire du néant, et donc séparés par l'envie la moins fondée et la moins capable de trouver quelque satisfaction, ils sont même séparés de leurs propres enfants, naguère encore la seule propriété de ceux qui n'ont rien[1]. On leur enlève, en bas âge, le contrôle de ces enfants, déjà leurs rivaux, qui n'écoutent plus du tout les opinions informes de leurs parents, et sourient de leur échec flagrant ; méprisent non sans raison leur origine, et se sentent bien davantage les fils du spectacle régnant que de ceux de ses domestiques qui les ont par hasard engendrés : ils se rêvent les métis de ces nègres-là. Derrière la façade du ravissement simulé, dans ces couples comme entre eux et leur progéniture, on n'échange que des regards de haine.

Cependant, ces travailleurs privilégiés de la société marchande accomplie ne ressemblent pas aux esclaves en

---

1. Sens du mot « prolétaire », chez les Romains.

ce sens qu'ils doivent pourvoir eux-mêmes à leur entretien. Leur statut peut être plutôt comparé au servage,
parce qu'ils sont exclusivement attachés à une entreprise
et à sa bonne marche, quoique sans réciprocité en leur
faveur ; et surtout parce qu'ils sont étroitement astreints
à résider dans un espace unique : le même circuit des
domiciles, bureaux, autoroutes, vacances et aéroports
toujours identiques.

Mais ils ressemblent aussi aux prolétaires modernes
par l'insécurité de leurs ressources, qui est en contradiction avec la routine programmée de leurs dépenses ; et
par le fait qu'il leur faut se louer sur un marché libre sans
rien posséder de leurs instruments de travail : par le fait
qu'ils ont besoin d'argent. Il leur faut acheter des marchandises, et l'on a fait en sorte qu'ils ne puissent garder
de contact avec rien qui ne soit une marchandise.

Mais où pourtant leur situation économique s'apparente plus précisément au système particulier du « péonage », c'est en ceci que, cet argent autour duquel tourne
toute leur activité, on ne leur en laisse même plus le
maniement momentané. Ils ne peuvent évidemment que
le dépenser, le recevant en trop petite quantité pour l'ac-
cumuler. Mais ils se voient en fin de compte obligés de
consommer à crédit ; et l'on retient sur leur salaire le
crédit qui leur est consenti, dont ils auront à se libérer en
travaillant encore. Comme toute l'organisation de la distribution des biens est liée à celles de la production et de
l'État, on rogne sans gêne sur toutes leurs rations, de
nourriture comme d'espace, en quantité et en qualité.
Quoique restant formellement des travailleurs et des

consommateurs libres, ils ne peuvent s'adresser ailleurs, car c'est partout que l'on se moque d'eux.

Je ne tomberai pas dans l'erreur simplificatrice d'identifier entièrement la condition de ces salariés du premier rang à des formes antérieures d'oppression socio-économique. Tout d'abord, parce que, si l'on met de côté leur surplus de fausse conscience et leur participation double ou triple à l'achat des pacotilles désolantes qui recouvrent la presque totalité du marché, on voit bien qu'ils ne font que partager la triste vie de la grande masse des salariés d'aujourd'hui : c'est d'ailleurs dans l'intention naïve de faire perdre de vue cette enrageante trivialité, que beaucoup assurent qu'ils se sentent gênés de vivre parmi les délices, alors que le dénuement accable des peuples lointains[1]. Une autre raison de ne pas les confondre avec les malheureux du passé, c'est que leur statut spécifique comporte en lui-même des traits indiscutablement modernes.

Pour la première fois dans l'histoire, voilà des agents économiques hautement spécialisés qui, en dehors de leur travail, doivent faire tout eux-mêmes : ils conduisent eux-mêmes leurs voitures et commencent à pomper eux-mêmes leur essence, ils font eux-mêmes leurs achats ou ce qu'ils appellent de la cuisine, ils se servent eux-mêmes dans les supermarchés comme dans ce qui a remplacé les wagons-restaurants. Sans doute leur qualification très indirectement productive a-t-elle été vite acquise, mais

---

1. C'est précisément à ce besoin social que répondent une assez large part de l'information courante, et les activités commerciales des associations dites « caritatives ».

ensuite, quand ils ont fourni leur quotient horaire de ce travail spécialisé, il leur faut faire de leurs mains tout le reste. Notre époque n'en est pas encore venue à dépasser la famille, l'argent, la division du travail; et pourtant on peut dire que pour ceux-là déjà la réalité effective s'en est presque entièrement dissoute, dans la simple dépossession. Ceux qui n'avaient jamais eu de proie, l'ont lâchée pour l'ombre.

Le caractère illusoire des richesses que prétend distribuer la société actuelle, s'il n'avait pas été reconnu en toutes les autres matières, serait suffisamment démontré par cette seule observation que c'est la première fois qu'un système de tyrannie entretient aussi mal ses familiers, ses experts, ses bouffons. Serviteurs surmenés du vide, le vide les gratifie en monnaie à son effigie. Autrement dit, c'est la première fois que des pauvres croient faire partie d'une élite économique, malgré l'évidence contraire. Non seulement ils travaillent, ces malheureux spectateurs, mais personne ne travaille pour eux, et moins que personne les gens qu'ils payent : car leurs fournisseurs mêmes se considèrent plutôt comme leurs contremaîtres, jugeant s'ils sont venus assez vaillamment au ramassage des *ersatz* qu'ils ont le devoir d'acheter. Rien ne saurait cacher l'usure véloce qui est intégrée dès la source, non seulement pour chaque objet matériel, mais jusque sur le plan juridique, dans leurs rares propriétés. De même qu'ils n'ont pas reçu d'héritages, ils n'en laisseront pas.

Le public du cinéma ayant donc, avant tout, à penser à des vérités si rudes, et qui le touchent de si près, et qui lui sont si généralement cachées; on ne peut nier qu'un film qui, pour une fois, lui rend cet âpre service de lui révéler que son mal n'est pas si mystérieux qu'il le croit, et qu'il n'est peut-être même pas incurable pour peu que nous parvenions un jour à l'abolition des classes et de l'État; on ne peut nier, dis-je, qu'un tel film n'ait, en ceci au moins, un mérite. Il n'en aura pas d'autre.

En effet, ce public qui veut partout se montrer connaisseur et qui en tout justifie ce qu'il a subi, qui accepte de voir changer toujours en plus répugnant le pain qu'il mange et l'air qu'il respire, aussi bien que ses viandes ou ses maisons, ne renâcle au changement que lorsqu'il s'agit du cinéma dont il a l'habitude; et apparemment c'est la seule de ses habitudes qui ait été respectée[1]. Il n'y a peut-être eu que moi pour l'offenser depuis longtemps sur ce point. Car tout le reste, même modernisé parfois jusqu'à s'inspirer des débats mis au goût du jour par la presse, postule l'innocence d'un tel public, et lui montre, selon la coutume fondamentale du cinéma, ce qui se passe au loin: différentes sortes de vedettes qui ont vécu à sa place, et qu'il contemplera par le trou de la serrure d'une familiarité canaille.

Le cinéma dont je parle ici est cette imitation insensée d'une vie insensée, une représentation ingénieuse à ne rien dire, habile à tromper une heure l'ennui par le reflet du même ennui; cette lâche imitation qui est la dupe du

1. Ceci a cessé d'être vrai. On a vu supprimé par le progrès économique, après beaucoup d'autres choses, le cinéma auquel le spectateur tenait plutôt sottement. Les nécessités nouvelles, dont partout ce spectateur dépend, étaient parvenues à émettre une plus exacte représentation de leur rationalité: il fallait aimer le *clip*.

présent et le faux témoin de l'avenir; qui, par beaucoup
de fictions et de grands spectacles, ne fait que se consumer inutilement en amassant des images que le temps
emporte[1]. Quel respect d'enfants pour des images! Il va
bien à cette plèbe des vanités, toujours enthousiaste et toujours déçue, sans goût parce qu'elle n'a eu de rien une
expérience heureuse, et qui ne reconnaît rien de ses expériences malheureuses parce qu'elle est sans goût et sans
courage : au point qu'aucune sorte d'imposture, générale
ou particulière, n'a jamais pu lasser sa crédulité intéressée.

Et croirait-on, après tout ce que chacun a pu voir, qu'il
existe encore, parmi les spectateurs spécialisés qui font la
leçon aux autres, des tarés capables de soutenir qu'une
vérité énoncée au cinéma, si elle n'est pas *prouvée* par des
images, aurait quelque chose de dogmatique? D'ailleurs
la domesticité intellectuelle de cette saison[2] appelle envieusement « discours du maître » ce qui décrit sa servitude ;
quant aux dogmes ridicules de ses patrons, elle s'y identifie si pleinement qu'elle ne les connaît pas. Que faudrait-
il prouver par des images? Rien n'est jamais prouvé que
par le mouvement réel qui dissout les conditions existantes, c'est-à-dire l'organisation des rapports de production d'une époque, et les formes de fausse conscience qui
ont grandi sur cette base.

---

1. Paraphrase de Bossuet, *Oraison funèbre de Henriette-Anne d'Angleterre* (« La sagesse dont il parle en ce lieu est cette sagesse insensée,
ingénieuse à se tourmenter, habile à se tromper elle-même, qui se cor-
rompt dans le présent, qui s'égare dans l'avenir, qui par beaucoup de
raisonnements et de grands efforts, ne fait que se consumer inutilement en amassant des choses que le vent emporte »).
2. Les *media* l'avaient appelée un instant : « Nouvelle Philosophie ».

On n'a jamais vu d'erreur s'écrouler faute d'une bonne image. Celui qui croit que les capitalistes sont bien armés pour gérer toujours plus rationnellement l'expansion de son bonheur et les plaisirs variés de son pouvoir d'achat, reconnaîtra ici des têtes capables d'hommes d'État; et celui qui croit que les bureaucrates staliniens constituent le parti du prolétariat, verra là de belles têtes d'ouvriers. Les images existantes ne prouvent que les mensonges existants.

Les anecdotes représentées sont les pierres dont était bâti tout l'édifice du cinéma. On n'y retrouve rien d'autre que les vieux personnages du théâtre, mais sur une scène plus spacieuse et plus mobile, ou du roman, mais dans des vêtements et environnements plus directement sensibles. C'est une société, et non une technique, qui a fait le cinéma ainsi. Il aurait pu être examen historique, théorie, essai, mémoires. Il aurait pu être le film que je fais en ce moment.

Voici par exemple un film où je ne dis que des vérités sur des images qui, toutes, sont insignifiantes ou fausses; un film qui méprise cette poussière d'images qui le compose. Je ne veux rien conserver du langage de cet art périmé, sinon peut-être le contre-champ du seul monde qu'il a regardé, et un *travelling* sur les idées passagères d'un temps. Oui, je me flatte de faire un film avec n'importe quoi; et je trouve plaisant que s'en plaignent ceux qui ont laissé faire de toute leur vie n'importe quoi.

J'ai mérité la haine universelle de la société de mon temps, et j'aurais été fâché d'avoir d'autres mérites aux yeux d'une telle société. Mais j'ai observé que c'est encore dans le cinéma que j'ai soulevé l'indignation la plus parfaite et la plus unanime. On a même poussé le dégoût jusqu'à m'y piller beaucoup moins souvent qu'ailleurs, jusqu'ici en tout cas[1]. Mon existence même y reste une hypothèse généralement réfutée. Je me vois donc placé au-dessus de toutes les lois du genre. Aussi, comme le disait Swift, « ce n'est pas une mince satisfaction pour moi, que de présenter un ouvrage absolument au-dessus de toute critique ».

Pour justifier aussi peu que ce soit l'ignominie complète de ce que cette époque aura écrit ou filmé, il faudrait un jour pouvoir prétendre qu'il n'y a eu littéralement *rien d'autre*, et par là même que rien d'autre, on ne sait trop pourquoi, n'était possible. Eh bien ! Cette excuse embarrassée, à moi seul, je suffirai à l'anéantir par l'exemple. Et comme je n'aurai eu besoin d'y consacrer que fort peu de temps et de peine, rien ne m'a paru devoir me faire renoncer à une telle satisfaction.

Il n'est pas si naturel qu'on voudrait bien le croire aujourd'hui, d'attendre de n'importe qui, parmi ceux dont le métier est d'avoir la parole dans les conditions présentes, qu'il apporte ici ou là des nouveautés révolutionnaires. Une telle capacité n'appartient évidemment qu'à celui qui a rencontré partout l'hostilité et la persécution ; et non point les crédits de l'État. Et même, plus profondé-

---

1. On a voulu commencer en 1982. Trop tard donc pour faire carrière dans cet art avant sa liquidation.

ment, quelle que soit la complicité générale pour faire le silence là-dessus, on peut affirmer avec certitude qu'aucune réelle contestation ne saurait être portée par des individus qui, en l'exhibant, sont devenus quelque peu plus élevés socialement qu'ils ne l'auraient été en s'en abstenant[1]. Tout cela ne fait qu'imiter l'exemple bien connu de ce florissant personnel syndical et politique, toujours prêt à prolonger d'un millénaire la plainte du prolétaire, à seule fin de lui conserver un défenseur.

Pour ma part, si j'ai pu être si déplorable dans le cinéma, c'est parce que j'ai été grandement plus criminel ailleurs. De prime abord, j'ai trouvé bon de m'adonner au renversement de la société, et j'ai agi en conséquence. J'ai pris ce parti dans un moment où presque tous croyaient que l'infamie existante, dans sa version bourgeoise ou dans sa version bureaucratique, avait le plus bel avenir. Et depuis lors, je n'ai pas, comme les autres, changé d'avis une ou plusieurs fois, avec le changement des temps; ce sont plutôt les temps qui ont changé selon mes avis. Il y a là de quoi déplaire aux contemporains.

Ainsi donc, au lieu d'ajouter un film à des milliers de films quelconques, je préfère exposer ici pourquoi je ne ferai rien de tel. Ceci revient à remplacer les aventures futiles que conte le cinéma par l'examen d'un sujet important : moi-même.

---

1. Cette loi historique ne souffre aucune exception. En elle réside la difficulté centrale des révolutions anti-capitalistes, comme le montrait dès 1912 Robert Michels dans son ouvrage : *Approches d'une sociologie du parti dans la démocratie moderne (Recherche sur les tendances oligarchiques de la vie de groupe)*.

On m'avait parfois reproché, mais à tort je crois, de faire des films difficiles : je vais pour finir en faire un. À qui se fâche de ne pas comprendre toutes les allusions, ou qui même s'avoue incapable de distinguer nettement mes intentions, je répondrai seulement qu'il doit se désoler de son inculture et de sa stérilité, et non de mes façons ; il a perdu son temps à l'Université, où se revendent à la sauvette des petits stocks de connaissances abîmées.

À considérer l'histoire de ma vie, je vois bien clairement que je ne peux pas faire ce que l'on appelle une œuvre cinématographique. Et je crois pouvoir en convaincre aisément n'importe qui, tant par le fond que par la forme de ce discours.

Il me faut d'abord repousser la plus fausse des légendes, selon laquelle je serais une sorte de théoricien des révolutions. Ils ont l'air de croire, à présent, les petits hommes, que j'ai pris les choses par la théorie, que je suis un constructeur de théorie, savante architecture qu'il n'y aurait plus qu'à aller habiter du moment qu'on en connaît l'adresse, et dont on pourrait même modifier un peu une ou deux bases, dix ans plus tard et en déplaçant trois feuilles de papier, pour atteindre à la perfection définitive de la théorie qui opérerait leur salut.

Mais les théories ne sont faites que pour mourir dans la guerre du temps : ce sont des unités plus ou moins fortes qu'il faut engager au juste moment dans le combat et, quels que soient leurs mérites ou leurs insuffisances, on ne peut assurément employer que celles qui sont là en temps utile. De même que les théories doivent être remplacées, parce que leurs victoires décisives, plus encore que leurs défaites partielles, produisent leur usure, de même aucune époque vivante n'est partie d'une théorie : c'était d'abord un jeu, un conflit, un voyage. On peut dire de la révolution aussi ce que Jomini a dit de la guerre ; qu'elle « n'est point une science positive et dogmatique, mais un art soumis à quelques principes généraux, et plus que cela encore, un drame passionné ».

Quelles sont nos passions, et où nous ont-elles menés ? Les hommes, le plus souvent, sont si portés à obéir à d'impérieuses routines que, lors même qu'ils se proposent de révolutionner la vie de fond en comble, de faire table rase et de tout changer, ils ne trouvent pas pour autant anormal de suivre la filière des études qui leur sont accessibles, et puis ensuite d'occuper quelques fonctions, ou de s'adonner à divers travaux rémunérés qui sont au niveau de leur compétence, ou même un peu au delà. Voilà pourquoi ceux qui nous exposent diverses pensées sur les révolutions s'abstiennent ordinairement de nous faire savoir comment ils ont vécu.

Mais moi, n'ayant pas ressemblé à tous ceux-là, je pourrai seulement dire, à mon tour, « les dames, les cavaliers, les armes, les amours, les conversations et les audacieuses entreprises[1] » d'une époque singulière.

D'autres sont capables d'orienter et de mesurer le cours de leur passé selon leur élévation dans une car-

---

1. Les deux premiers vers de l'épopée de l'Arioste, *Roland furieux.*

rière, l'acquisition de diverses sortes de biens, ou parfois l'accumulation d'ouvrages scientifiques ou esthétiques qui répondaient à une demande sociale. Ayant ignoré toute détermination de cette sorte, je ne revois, dans le passage de ce temps désordonné, que les éléments qui l'ont effectivement constitué pour moi — ou bien les mots et les figures qui leur ressemblent : ce sont des jours et des nuits, des villes et des vivants, et au fond de tout cela, une incessante guerre.

J'ai passé mon temps dans quelques pays de l'Europe, et c'est au milieu du siècle[1], quand j'avais dix-neuf ans, que j'ai commencé à mener une vie pleinement indépendante ; et tout de suite je me suis trouvé comme chez moi dans la plus mal famée des compagnies.

C'était à Paris, une ville qui était alors si belle que bien des gens ont préféré y être pauvres, plutôt que riches n'importe où ailleurs.

Qui pourrait, à présent qu'il n'en reste rien, comprendre cela ; hormis ceux qui se souviennent de cette gloire ? Qui d'autre pourrait savoir les fatigues et les plaisirs que nous avons connus dans ces lieux où tout est devenu si mauvais ?

« Ici fut la demeure antique du roi de Ou. L'herbe fleurit en paix sur ses ruines. — Là, ce profond palais des Tsin, somptueux jadis et redouté. — Tout cela est à jamais fini, tout s'écoule à la fois, les événements et les

1. 1951.

hommes — comme ces flots incessants du Yang-tseu-kiang, qui vont se perdre dans la mer[1]. »

Paris alors, dans les limites de ses vingt arrondissements, ne dormait jamais tout entier, et permettait à la débauche de changer trois fois de quartier dans chaque nuit. On n'en avait pas encore chassé et dispersé les habitants[2]. Il y restait un peuple, qui avait dix fois barricadé ses rues et mis en fuite des rois. C'était un peuple qui ne se payait pas d'images. On n'aurait pas osé, quand il vivait dans sa ville, lui faire manger ou lui faire boire ce que la chimie de substitution n'avait pas encore osé inventer.

Les maisons n'étaient pas désertes dans le centre, ou revendues à des spectateurs de cinéma qui sont nés ailleurs, sous d'autres poutres apparentes. La marchandise moderne n'était pas encore venue nous montrer tout ce que l'on peut faire d'une rue[3]. Personne, à cause des urbanistes, n'était obligé d'aller dormir au loin.

On n'avait pas encore vu, par la faute du gouvernement, le ciel s'obscurcir et le beau temps disparaître, et la fausse brume de la pollution couvrir en permanence la circulation mécanique des choses, dans cette vallée de la désolation. Les arbres n'étaient pas morts étouffés ; et les étoiles n'étaient pas éteintes par le progrès de l'aliénation.

1. Poème de Li Po.
2. Le procédé a été noté en ces termes par Machiavel, dans *Le Prince.*
3. Dante, au quinzième Chant du *Paradis*, parle ainsi de l'ancienne Florence : « Les maisons n'étaient pas désertes... Sardanapale n'était pas encore venu pour nous montrer tout ce qu'on peut faire dans une chambre. »

Les menteurs étaient, comme toujours, au pouvoir ;
mais le développement économique ne leur avait pas
encore donné les moyens de mentir sur tous les sujets, ni
de confirmer leurs mensonges en falsifiant le contenu
effectif de toute la production. On aurait été aussi étonnés alors de trouver imprimés ou construits dans Paris
tous ces livres rédigés depuis en béton et en amiante, et
tous ces bâtiments maçonnés en plats sophismes, qu'on
le serait aujourd'hui si l'on voyait resurgir un Donatello
ou un Thucydide.

Musil, dans l'*Homme sans qualités*, note qu'« il est des
activités intellectuelles où ce ne sont pas les gros livres,
mais les petits traités, qui font la fierté d'un homme.
Si quelqu'un venait à découvrir, par exemple, que les
pierres, dans certaines circonstances restées jusqu'alors
inobservées, peuvent parler, il ne lui faudrait que peu de
pages pour décrire et expliquer un phénomène aussi révolutionnaire ». Je me bornerai donc à peu de mots pour
annoncer que, quoi que d'autres veuillent en dire, Paris
n'existe plus. La destruction de Paris n'est qu'une illustration exemplaire de la mortelle maladie qui emporte en ce
moment toutes les grandes villes, et cette maladie n'est
elle-même qu'un des nombreux symptômes de la décadence matérielle d'une société. Mais Paris avait plus à
perdre qu'aucune autre. C'est une grande chance que
d'avoir été jeune dans cette ville quand, pour la dernière
fois, elle a brillé d'un feu si intense.

Il y avait alors, sur la rive gauche du fleuve — on ne
peut pas descendre deux fois dans le même fleuve, ni

toucher deux fois une substance périssable dans le même état[1] —, un quartier où le négatif tenait sa cour[2].

Il est banal de remarquer que, même dans les périodes agitées par de grands changements, les esprits les plus novateurs se défont difficilement de beaucoup de conceptions antérieures devenues incohérentes, et en conservent au moins quelques-unes, parce qu'il serait impossible de repousser globalement comme fausses et sans valeur des affirmations universellement admises.

Il faut pourtant ajouter, quand on connaît par la pratique ce genre d'affaires, que de telles difficultés cessent d'encombrer dès le moment où un groupe humain commence à fonder son existence réelle sur le refus délibéré de ce qui est universellement admis ; et sur le mépris complet de ce qui pourra en advenir.

Ceux qui s'étaient assemblés là paraissaient avoir pris pour seul principe d'action, d'entrée de jeu et publiquement, le secret que le Vieux de la Montagne ne transmit, dit-on, qu'à son heure dernière, au plus fidèle lieutenant de ses fanatiques : « Rien n'est vrai ; tout est permis. » Dans le présent, ils n'accordaient aucune sorte d'importance à ceux qui n'étaient pas parmi eux, et je pense qu'ils avaient raison ; et dans le passé, si quelqu'un éveillait leur sympathie, c'était Arthur Cravan, déserteur de dix-sept nations, ou peut-être aussi Lacenaire, bandit lettré.

---

1. Héraclite.
2. En 1952, au centre du VIe arrondissement.

Dans ce site, l'extrémisme s'était proclamé indépendant de toute cause particulière, et s'était superbement affranchi de tout projet. Une société déjà vacillante, mais qui l'ignorait encore, parce que partout ailleurs les vieilles règles étaient encore respectées, avait laissé pour un instant le champ libre à ce qui est le plus souvent refoulé, et qui pourtant a toujours existé : l'intraitable pègre ; le sel de la terre ; des gens bien sincèrement prêts à mettre le feu au monde pour qu'il ait plus d'éclat.

« Article 488. La majorité est fixée à vingt et un ans accomplis ; à cet âge on est capable de tous les actes de la vie civile[1]. »

« Une science des situations est à faire, qui empruntera des éléments à la psychologie, aux statistiques, à l'urbanisme et à la morale. Ces éléments devront concourir à un but absolument nouveau : une création consciente de situations. »

« Mais on ne parle pas de Sade dans ce film. »

« L'ordre règne et ne gouverne pas. »

« *Le Démon des armes.* Vous vous souvenez. C'est cela. Personne ne nous suffisait. Tout de même... La grêle sur les bannières de verre. On s'en souviendra, de cette planète. »

---

1. Ce paragraphe et les sept suivants sont des extraits du film *Hurlements en faveur de Sade.*

« Article 489. Le majeur qui est dans un état habituel d'imbécillité, de démence ou de fureur, doit être interdit, même lorsque cet état présente des intervalles lucides. »

« Après toutes les réponses à contretemps, et la jeunesse qui se fait vieille, la nuit retombe de bien haut. »

« Nous vivons en enfants perdus nos aventures incomplètes. »

Un film que je fis à ce moment, et qui évidemment suscita la colère des esthètes les plus avancés, était d'un bout à l'autre comme ce qui précède ; et ces pauvres phrases étaient prononcées sur un écran entièrement blanc, mais entourées de fort longues séquences noires, où rien n'était dit. Certains sans doute voudraient croire que l'expérience a pu m'enrichir en talents ou en bonne volonté. Serait-ce donc l'expérience d'une *amélioration* de ce que je refusais alors ? Ne me faites pas rire. Pourquoi celui qui, étant jeune, a voulu être si insupportable dans le cinéma, s'avérerait-il plus intéressant, étant plus âgé ? Tout ce qui a été si mauvais ne peut jamais être vraiment meilleur. On a beau dire : « Il a vieilli ; il a changé » ; il est aussi resté le même[1].

Dans ce lieu qui fut la brève capitale de la perturbation, s'il est vrai que la population choisie comptait un certain nombre de voleurs, et occasionnellement de meurtriers, l'existence de tous était principalement caractérisée par une prodigieuse inactivité ; et entre tant de crimes et délits

---

1. Pascal.

que les autorités y dénoncèrent, c'est cela qui fut ressenti comme le plus menaçant.

C'était le labyrinthe le mieux fait pour retenir les voyageurs. Ceux qui s'y arrêtèrent deux jours n'en repartirent plus, ou du moins pas tant qu'il exista ; mais la plupart y ont vu venir d'abord la fin de leurs années peu nombreuses. Personne ne quittait ces quelques rues et ces quelques tables où le point culminant du temps[1] avait été découvert. Tous s'admiraient d'avoir soutenu un défi si magnifiquement désastreux ; et de fait je crois bien qu'aucun de ceux qui sont passés par là n'a jamais acquis la moindre réputation honnête dans le monde.

Chacun buvait quotidiennement plus de verres qu'un syndicat ne dit de mensonges pendant toute la durée d'une grève sauvage. Des bandes de policiers, dont les marches soudaines étaient éclairées par un grand nombre d'indicateurs, ne cessaient de lancer des incursions sous tous les prétextes, mais le plus souvent dans l'intention de saisir des drogues, et les filles qui n'avaient pas dix-huit ans. Comment ne me serais-je pas souvenu des charmants voyous et des filles orgueilleuses avec qui j'ai habité ces bas-fonds, lorsque, plus tard, j'ai entendu une chanson que chantent les prisonniers en Italie ? — Tout le temps avait passé comme nos nuits d'alors, sans renoncer à rien. « C'est là que sont les petites filles qui te donnent tout, — d'abord le bonsoir, et puis la main... — Dans la rue Filangieri, il y a une cloche ; — à chaque fois qu'elle sonne, c'est

1. Image employée par Thomas Hobbes, à propos d'une époque de troubles.

une condamnation... — La plus belle jeunesse meurt en prison [1]. »

Quoique méprisant toutes les illusions idéologiques, et assez indifférents à ce qui viendrait plus tard leur donner raison, ces réprouvés n'avaient pas dédaigné d'annoncer au-dehors ce qui allait suivre. Achever l'art, aller dire en pleine cathédrale que Dieu était mort, entreprendre de faire sauter la Tour Eiffel, tels furent les petits scandales auxquels se livrèrent sporadiquement ceux dont la manière de vivre fut en permanence un si grand scandale. Ils s'interrogeaient aussi sur l'échec de quelques révolutions ; ils se demandaient si le prolétariat existe vraiment, et dans ce cas ce qu'il pourrait bien être.

Quand je parle de ces gens, j'ai l'air, peut-être, d'en sourire ; mais il ne faut pas le croire. J'ai bu leur vin [2]. Je leur suis fidèle. Et je ne crois pas être devenu par la suite, en quoi que ce soit, mieux que ce qu'ils étaient eux-mêmes dans ce temps-là.

Considérant les grandes forces de l'habitude et de la loi, qui pesaient sans cesse sur nous pour nous disperser, personne n'était sûr d'être encore là quand finirait la semaine ; et là était tout ce que nous aimerions jamais. Le temps brûlait plus fort qu'ailleurs, et manquerait. On sentait trembler la terre.

---

1. C'est la chanson de la pègre de Milan : *Porta romana bella...*
2. La formule de fidélité issue du monde féodal disait : « J'ai mangé son pain. »

Le suicide en emportait beaucoup. «La boisson et le diable ont expédié les autres», comme le dit aussi une chanson[1].

À la moitié du chemin de la vraie vie, nous étions environnés d'une sombre mélancolie, qu'ont exprimée tant de mots railleurs et tristes, dans le café de la jeunesse perdue.

«Pour parler clairement et sans paraboles, — nous sommes les pièces d'un jeu que joue le Ciel. — On s'amuse avec nous sur l'échiquier de l'Être, — et puis nous retournons un par un dans la boîte du Néant[2].»

« Que de fois dans les âges, ce drame sublime que nous créons sera joué en des langues inconnues, devant des peuples qui ne sont pas encore[3] ! »

« Qu'est-ce que l'écriture ? La gardienne de l'histoire... Qu'est-ce que l'homme ? L'esclave de la mort, un voyageur qui passe, l'hôte d'un seul lieu... Qu'est-ce que l'amitié ? L'égalité des amis[4]. »

« Bernard, que prétends-tu dans le monde ? Y vois-tu quelque chose qui te satisfasse ?... Elle fuit, elle fuit comme un fantôme, qui, nous ayant donné quelque espèce de contentement pendant qu'il demeurait avec nous, ne

---

1. Chanson de *L'Île au trésor*, de Stevenson.
2. Quatrain d'Omar Kháyyám.
3. Shakespeare, *Jules César*.
4. Alcuin, *Le Dit de l'enfant sage*.

nous laisse en nous quittant que du trouble... Bernard, Bernard, disait-il, cette verte jeunesse ne durera pas toujours[1]... »

Mais rien ne traduisait ce présent sans issue et sans repos comme l'ancienne phrase qui revient intégralement sur elle-même, étant construite lettre par lettre comme un labyrinthe dont on ne peut sortir, de sorte qu'elle accorde si parfaitement la forme et le contenu de la perdition : *In girum imus nocte et consumimur igni.* Nous tournons en rond dans la nuit et nous sommes dévorés par le feu.

« Une génération passe, et une autre lui succède, mais la terre demeure toujours. Le soleil se lève et se couche, et il retourne d'où il était parti... Tous les fleuves entrent dans la mer, et la mer n'en regorge point. Les fleuves retournent au même lieu d'où ils étaient partis, pour couler encore... Toutes choses ont leur temps, et tout passe sous le ciel après le terme qui lui a été prescrit... Il y a temps de tuer et temps de guérir, temps d'abattre et temps de bâtir... Il y a temps de déchirer et temps de rejoindre, temps de se taire et temps de parler... Il vaut mieux voir ce que l'on désire, que de souhaiter ce que l'on ignore : mais cela même est une vanité et une présomption d'esprit... Qu'est-il nécessaire à un homme de rechercher ce qui est au-dessus de lui, lui qui ignore ce qui lui est avantageux en sa vie pendant les jours qu'il est étranger sur la terre, et durant le temps qui passe comme l'ombre[2] ! »

1. Bossuet, *Panégyrique de Bernard de Clairvaux.*
2. L'Ecclésiaste.

«Non, nous allons passer la rivière, et nous reposer à l'ombre de ces arbres[1].»

C'est là que nous avons acquis cette dureté qui nous a accompagnés dans tous les jours de notre vie; et qui a permis à plusieurs d'entre nous d'être en guerre avec la terre entière, d'un cœur léger. Et quant à moi particulièrement, je suppose que c'est à partir des circonstances de ce moment que j'ai suivi tout naturellement l'enchaînement de tant de violences et de tant de ruptures, où tant de gens furent traités si mal; et toutes ces années passées en ayant toujours, pour ainsi dire, le couteau à la main.

Peut-être aurions-nous pu être un peu moins dépourvus de pitié, si nous avions trouvé quelque entreprise déjà formée, qui nous eût paru mériter l'emploi de nos forces? Mais il n'y avait rien de tel. La seule cause que nous ayons soutenue, nous avons dû la définir et la mener nous-mêmes. Et il n'existait rien au-dessus de nous que nous ayons pu considérer comme estimable.

Pour quelqu'un qui pense et qui agit de la sorte, il est vrai qu'il n'y a pas d'intérêt à écouter un instant de trop ceux qui trouvent quelque chose de bon, ou seulement quelque chose à ménager, dans les conditions existantes; ou ceux qui perdent le chemin qu'ils avaient paru vouloir suivre; ni même, parfois, ceux qui n'ont pas compris assez vite. D'autres, plus tard, se sont mis à préconiser la

---

1. Derniers mots du général «Stonewall» Jackson, mourant à la guerre.

révolution de la vie quotidienne, de leurs voix timides ou de leurs plumes prostituées; mais d'assez loin, et avec la calme assurance de l'observation astronomique. Cependant, quand on a eu l'occasion de prendre part à une tentative de ce genre, et si l'on a échappé aux brillantes catastrophes qui l'environnent ou la suivent, on ne se trouve pas dans une position si facile. La chaleur et le froid de cette époque ne vous quitteront plus. Il faut découvrir comment il serait possible de vivre des lendemains qui soient dignes d'un si beau début. Cette première expérience de l'illégalité, on veut la continuer toujours.

Voilà comment s'est embrasée, peu à peu, une nouvelle époque d'incendies, dont aucun de ceux qui vivent en ce moment ne verra la fin : l'obéissance est morte. Il est admirable de constater que les troubles qui sont venus d'un lieu infime et éphémère, ont finalement ébranlé l'ordre du monde. (On n'ébranlerait jamais rien par de tels procédés si l'on avait affaire à une société harmonieuse, et qui saurait gérer sa puissance, mais la nôtre, on le sait maintenant, était tout le contraire.)

Quant à moi, je n'ai jamais rien regretté de ce que j'ai fait, et j'avoue que je suis encore complètement incapable d'imaginer ce que j'aurais pu faire d'autre, étant ce que je suis[1].

---

1. On a agité une question vaine : si conclure comme cela traduit plutôt la modestie ou l'orgueil ? Je crois avoir pensé avec beaucoup d'objectivité à mes défauts et à mes vices.

La première phase du conflit, en dépit de son âpreté, avait revêtu de notre côté tous les caractères d'une défensive statique. Étant surtout définie par sa localisation, une expérience spontanée ne s'était pas assez comprise en elle-même, et elle avait aussi trop négligé les grandes possibilités de subversion présentes dans l'univers apparemment hostile qui l'entourait. Alors que l'on voyait notre défense submergée, et déjà quelques courages faiblir, nous fûmes quelques-uns à penser qu'il faudrait sans doute continuer en nous plaçant dans la perspective de l'offensive : en somme, au lieu de se retrancher dans l'émouvante forteresse d'un instant, se donner de l'air, opérer une sortie, puis tenir la campagne, et s'employer tout simplement à détruire entièrement cet univers hostile, pour le reconstruire ultérieurement, si faire se pouvait, sur d'autres bases. Il y avait eu des précédents, mais ils étaient alors oubliés. Il nous fallait découvrir où allait le cours des choses, et le démentir si complètement qu'il fût un jour, à l'inverse, contraint de se plier à nos goûts. Clausewitz remarque plaisamment : « Quiconque a du génie est tenu d'en faire usage, cela est tout à fait conforme à la règle. » Et Baltasar Gracián : « Il faut traverser la vaste carrière du temps pour arriver au centre de l'occasion. »

Mais puis-je oublier celui que je vois partout dans le plus grand moment de nos aventures[1] ; celui qui, en ces jours incertains, ouvrit une route nouvelle et y avança si vite, choisissant ceux qui viendraient ; car personne d'autre ne le valait, cette année-là ? On eût dit qu'en regardant seule-

---

1. Ce paragraphe et le suivant sont un éloge d'Ivan Vladimirovitch Chtcheglov.

ment la ville et la vie, il les changeait. Il découvrit en un an des sujets de revendications pour un siècle ; les profondeurs et les mystères de l'espace urbain furent sa conquête.

Les pouvoirs actuels, avec leur pauvre information falsifiée, qui les égare eux-mêmes presque autant qu'elle étourdit leurs administrés, n'ont pas pu encore mesurer ce que leur a coûté le passage rapide de cet homme. Mais qu'importe ? Les naufrageurs n'écrivent leur nom que sur l'eau [1].

La formule pour renverser le monde, nous ne l'avons pas cherchée dans les livres, mais en errant. C'était une dérive à grandes journées, où rien ne ressemblait à la veille ; et qui ne s'arrêtait jamais. Surprenantes rencontres, obstacles remarquables, grandioses trahisons, enchantements périlleux, rien ne manqua dans cette poursuite d'un autre Graal néfaste, dont personne n'avait voulu. Et même, un jour malheureux, le plus beau joueur parmi nous se perdit dans les forêts de la folie. — Il n'y a pas de folie plus grande que l'organisation présente de la vie.

Avions-nous à la fin rencontré l'objet de notre quête ? Il faut croire que nous l'avions au moins fugitivement aperçu ; parce qu'il est en tout cas flagrant qu'à partir de là nous nous sommes trouvés en état de comprendre la vie fausse à la lumière de la vraie, et possesseurs d'un bien étrange pouvoir de séduction : car personne ne nous a

---

1. Cf. « Ci-gît un homme dont le nom a été écrit sur l'eau. » Shelley, qui a disparu en mer, avait écrit pour lui-même cette épitaphe.

depuis lors approchés sans vouloir nous suivre ; et donc nous avions remis la main sur le secret de diviser ce qui était uni. Ce que nous avions compris, nous ne sommes pas allés le dire à la télévision. Nous n'avons pas aspiré aux subsides de la recherche scientifique, ni aux éloges des intellectuels de journaux. Nous avons porté de l'huile là où était le feu.

C'est ainsi que nous nous sommes engagés définitivement dans le parti du Diable, c'est-à-dire de ce mal historique qui mène à leur destruction les conditions existantes ; dans le « mauvais côté » qui fait l'histoire en ruinant toute satisfaction établie.

Ceux qui n'ont pas encore commencé à vivre, mais se réservent pour une meilleure époque, et qui ont donc une si grande peur de vieillir, n'attendent rien de moins qu'un paradis permanent. L'un le place dans une révolution totale, et l'autre — c'est parfois le même — dans un stade supérieur de son ascension de salarié. En somme, ils attendent que leur soit devenu accessible ce qu'ils ont contemplé dans l'imagerie inversée du spectacle : une unité heureuse éternellement présente[1]. Mais ceux qui ont choisi de frapper avec le temps savent que leur arme est également leur maître ; et qu'ils ne peuvent s'en plaindre. Il est aussi le maître de ceux qui n'ont pas d'armes, et maître plus dur. Quand on ne veut pas se ranger dans la clarté trompeuse du monde à l'envers, on passe en tout cas, parmi ses croyants, pour une légende controversée,

---

1. Tandis qu'elle recouvre évidemment une division malheureuse qui à tout instant se défait.

un invisible et malveillant fantôme, un pervers prince des ténèbres. Beau titre, après tout : le système des lumières présentes n'en décerne pas de si honorable.

Nous sommes donc devenus les émissaires du Prince de la Division, de « celui à qui on a fait du tort[1] », et nous avons entrepris de désespérer ceux qui se considéraient comme les humains.

Tout au long des années qui suivirent, des gens de vingt pays se trouvèrent pour entrer dans cette obscure conspiration aux exigences illimitées. Combien de voyages hâtifs ! Combien de longues disputes ! Combien de rencontres clandestines dans tous les ports de l'Europe !

Ainsi fut tracé le programme le mieux fait pour frapper d'une suspicion complète l'ensemble de la vie sociale : classes et spécialisations, travail et divertissement, marchandise et urbanisme, idéologie et État, nous avons démontré que tout était à jeter. Et un tel programme ne contenait nulle autre promesse que celle d'une autonomie sans frein et sans règles. Ces perspectives sont aujourd'hui entrées dans les mœurs, et partout l'on combat pour ou contre elles. Mais alors elles eussent certainement paru chimériques, si la conduite du capitalisme moderne n'avait pas été plus chimérique encore.

---

1. Des sectes millénaristes avaient désigné par cet euphémisme le Diable ; et plus tard le mot a été appliqué à Bakounine par ses partisans italiens, à cause du sort qui fut le sien dans l'Association Internationale des Travailleurs.

Il existait bien alors quelques individus pour demeurer d'accord, avec plus ou moins de conséquence, sur l'une ou l'autre de ces critiques, mais pour les reconnaître toutes, il n'y avait personne ; et d'autant moins pour savoir les formuler, et les mettre à jour. C'est pourquoi aucune autre tentative révolutionnaire de cette période n'a eu la moindre influence sur la transformation du monde[1].

Nos agitateurs ont fait passer partout des idées avec lesquelles une société de classes *ne peut pas vivre*. Les intellectuels au service du système, d'ailleurs encore plus visiblement en déclin que lui, essaient aujourd'hui de manier ces poisons pour trouver des antidotes ; et ils n'y réussiront pas. Ils avaient fait auparavant les plus grands efforts pour les ignorer, mais aussi vainement : tant est grande la force de la parole dite en son temps.

Tandis que le continent était parcouru par nos menées séditieuses, qui commençaient même à toucher les autres, Paris, où l'on pouvait si bien passer inaperçu, était encore au milieu de tous nos voyages, comme le plus fréquenté de nos rendez-vous. Mais ses paysages s'étaient altérés et tout finissait de se dégrader et de se défaire.

Et pourtant, le soleil couchant de cette cité laissait, par places, quelques lueurs, quand nous regardions s'y écou-

1. Le siècle a été celui des contre-révolutions et des progrès de l'esclavage. Les entreprises véritablement disposées à peser dans un sens contraire sont restées rares. La plupart, alliant néant théorique et néant pratique, n'avaient pas compris ce que devenait la société de classes ; et quels seraient désormais ses points faibles.

ler les derniers jours, nous retrouvant dans un décor qui allait être emporté, et occupés de beautés qui ne reviendront pas. Il faudrait bientôt la quitter, cette ville qui pour nous fut si libre, mais qui va tomber entièrement aux mains de nos ennemis. Déjà s'y applique sans recours leur loi aveugle, qui refait tout à leur ressemblance, c'est-à-dire sur le modèle d'une sorte de cimetière : « Ô misère ! ô douleur ! Paris tremble[1]. »

Il faudra la quitter, mais non sans avoir tenté une fois de s'en emparer à force ouverte[2] ; il faudra enfin la quitter, après tant d'autres choses, pour suivre la voie que déterminent les nécessités de notre étrange guerre, qui nous a menés si loin.

Car notre intention n'avait été rien d'autre que de faire apparaître dans la pratique une ligne de partage entre ceux qui veulent encore de ce qui existe, et ceux qui n'en voudront plus.

Diverses époques ont eu ainsi leur grand conflit, qu'elles n'ont pas choisi, mais où il faut choisir son camp. C'est l'entreprise d'une génération, par laquelle se fondent ou se défont les empires et leurs cultures. Il s'agit de prendre Troie ; ou bien de la défendre. Ils se ressemblent tous par quelque côté, ces instants où vont se séparer ceux qui combattront dans des camps ennemis, et ne se reverront plus.

---

1. Fin d'un poème des *Châtiments* de Hugo : « Dans l'affreux cimetière… »
2. Allusion au mois de mai 1968.

C'est un beau moment, que celui où se met en mouvement un assaut contre l'ordre du monde[1].

Dans son commencement presque imperceptible, on sait déjà que, très bientôt, et quoi qu'il arrive, rien ne sera plus pareil à ce qui a été.

C'est une charge qui part lentement, accélère sa course, passe le point après lequel il n'y aura plus de retraite, et va irrévocablement se heurter à ce qui paraissait inattaquable ; qui était si solide et si défendu, mais pourtant destiné aussi à être ébranlé et mis en désordre.

Voilà donc ce que nous avons fait, lorsque, sortis de la nuit, nous avons, pour une fois de plus, déployé l'étendard de la « bonne vieille cause[2] », et avancé sous le canon du temps.

Tout au long de ce chemin, beaucoup sont morts, ou sont restés captifs chez l'ennemi, et bien d'autres ont été démontés et blessés, qui jamais plus ne reparaîtront dans de telles rencontres, et même le courage a pu manquer à certains éléments qui se sont laissé glisser en arrière ; mais jamais, j'ose le dire, notre formation n'a dévié de sa ligne, jusqu'à ce qu'elle ait débouché au cœur même de la destruction.

Je n'ai jamais trop bien compris les reproches, qui m'ont souvent été faits, selon lesquels j'aurais perdu cette

1. Ce paragraphe et les quatre suivants veulent résumer l'histoire de l'Internationale situationniste (1957-1972).
2. Expression des Niveleurs dans la révolution anglaise du xviie siècle.

belle troupe dans un assaut insensé, ou par une sorte de complaisance néronienne. J'admets, certes, être celui qui a choisi le moment et la direction de l'attaque, et donc je prends assurément sur moi la responsabilité de tout ce qui est arrivé. Mais quoi? Ne voulait-on pas combattre un ennemi qui, lui-même, agissait réellement? Et ne me suis-je pas tenu toujours à quelques pas en avant du premier rang? Les personnes qui n'agissent jamais veulent croire que l'on pourrait choisir en toute liberté l'excellence de ceux qui viendront figurer dans un combat, de même que le lieu et l'heure où l'on porterait un coup imparable et définitif. Mais non : avec ce que l'on a sous la main, et selon les quelques positions effectivement attaquables, on se jette sur l'une ou l'autre dès que l'on aperçoit un moment favorable ; sinon, on disparaît sans avoir rien fait. Le stratège Sun Tsé a établi depuis longtemps que « l'avantage et le danger sont tous deux inhérents à la manœuvre ». Et Clausewitz reconnaît qu'« à la guerre on est toujours dans l'incertitude sur la situation réciproque des deux partis. On doit s'accoutumer à agir toujours d'après des vraisemblances générales, et c'est une illusion d'attendre un moment où l'on serait délivré de toute ignorance... ». Contrairement aux rêveries des spectateurs de l'histoire, quand ils essaient de s'établir stratèges à Sirius, ce n'est pas la plus sublime des théories qui pourrait jamais garantir l'événement ; tout au contraire, c'est l'événement réalisé qui est le garant de la théorie. De sorte qu'il faut prendre des risques, et payer au comptant pour voir la suite[1].

1. La phrase évoque, à la fois, le jeu de *poker*, où parfois il faut « payer pour voir » ; et la comparaison de Clausewitz lorsqu'il désigne, dans le commerce de la guerre, le moment de la bataille comme étant celui où cesse le crédit, et où l'on doit payer au comptant, avec du sang.

D'autres spectateurs, qui volent moins haut, n'ayant pas vu, même de loin, le début de cette attaque, mais seulement sa fin, ont pensé que c'était la même chose ; et ils ont trouvé qu'il y avait quelque défaut dans l'alignement de nos rangs, et que les uniformes à ce moment ne paraissaient plus égalitairement impeccables. Je crois que c'est là un effet du tir que l'ennemi a concentré sur nous assez longuement. Vers la fin, il ne convient plus de juger la tenue, mais le résultat. Le principal résultat, à écouter ceux qui ont l'air de regretter que la bataille ait été livrée sans les attendre, on pourrait croire que c'est le fait qu'une avant-garde sacrifiée ait complètement fondu dans ce choc. Je trouve qu'elle était faite pour cela.

Les avant-gardes n'ont qu'un temps ; et ce qui peut leur arriver de plus heureux, c'est, au plein sens du terme, d'avoir *fait leur temps*. Après elles, s'engagent des opérations sur un plus vaste théâtre. On n'en a que trop vu, de ces troupes d'élite qui, après avoir accompli quelque vaillant exploit, sont encore là pour défiler avec leurs décorations, et puis se retournent contre la cause qu'elles avaient défendue. Il n'y a rien à craindre de semblable de celles dont l'attaque a été menée jusqu'au terme de la dissolution.

Je me demande ce que certains avaient espéré de mieux ? Le particulier s'use en combattant[1]. Un projet historique ne peut certainement pas prétendre conserver une éternelle jeunesse à l'abri des coups.

1. Hegel.

L'objection sentimentale est aussi vaine que les chicanes pseudo-stratégiques! «Cependant tes os se consumeront, ensevelis dans les champs d'Ilion, pour une entreprise inachevée[1].»

Frédéric II, le roi de Prusse, disait sur un champ de bataille, à un jeune officier hésitant : «Chien! Espériez-vous donc vivre toujours?» Et Sarpédon dit à Glaucos au douzième chant de l'*Iliade*: «Ami, si, échappant à cette guerre, nous devions pour toujours être exempts de la vieillesse et de la mort, je resterais moi-même en arrière… Mais mille morts sont incessamment suspendues sur nos têtes; il ne nous est accordé ni de les éviter ni de les fuir. Marchons donc.»

Quand retombe cette fumée, bien des choses apparaissent changées. Une époque a passé. Qu'on ne demande pas maintenant ce que valaient nos armes : elles sont restées dans la gorge du système des mensonges dominants. Son air d'innocence ne reviendra plus.

Après cette splendide dispersion, j'ai reconnu que je devais, par une soudaine marche dérobée, me mettre à l'abri d'une célébrité trop voyante. On sait que cette société signe une sorte de paix avec ses ennemis les plus déclarés, quand elle leur fait une place dans son spectacle. Mais je suis justement, dans ce temps, le seul qui aie quelque célébrité, clandestine et mauvaise, et que l'on n'ait pas réussi à faire paraître sur cette scène du renoncement.

---

1. *Iliade.*

Les difficultés ne s'arrêtent pas là. Je trouverais aussi vulgaire de devenir une autorité dans la contestation de la société que dans cette société même ; ce qui n'est pas peu dire. J'ai donc dû refuser, en diverses contrées, de me mettre à la tête de toutes sortes de tentatives subversives, plus anti-hiérarchiques les unes que les autres, mais dont on m'offrait quand même le commandement : comment le talent ne commanderait-il pas, en ces matières, quand il en a une telle expérience ? Mais je voulais montrer que l'on peut fort bien rester, après quelques succès historiques, aussi peu riche qu'on l'était avant en pouvoir et en prestige (ce que j'en avais par moi-même à l'origine m'a toujours suffi) [1].

J'ai refusé aussi de polémiquer sur mille détails avec les nombreux interprètes et récupérateurs de ce qui a déjà été fait. Je n'avais pas à décerner des brevets de je ne sais quelle orthodoxie, ni à trancher entre diverses naïves ambitions qui s'écroulent aussi bien sans qu'on y touche [2]. Ils ignoraient que le temps n'attend pas ; que la bonne volonté ne suffit pas ; et qu'il n'y a pas de propriété à acquérir, ni à maintenir, sur un passé qui n'est plus corrigible. Le mouvement profond qui mènera nos luttes historiques jusqu'où elles peuvent aller demeure seul juge du passé, quand il agit dans son temps. J'ai fait en sorte qu'aucune pseudo-suite ne vienne fausser le compte rendu de

1. Une sorte d'autorité personnelle de toujours, qui ne s'est certes pas exposée au risque d'être augmentée par une forme quelconque d'approbation sociale.
2. Jugement définitif sur les « pro-situs », et les années où ils ont rêvé qu'ils pourraient peut-être imiter l'I.S.

nos opérations. Ceux qui, un jour, auront fait mieux, donneront librement leurs commentaires, qui eux-mêmes ne passeront pas inaperçus.

Je me suis donné les moyens d'intervenir de plus loin ; sachant aussi que le plus grand nombre des observateurs, comme d'habitude, souhaitaient surtout que je me taise. Je suis exercé de longue date à mener une existence obscure et insaisissable. J'ai donc pu conduire plus avant mes expériences stratégiques si bien commencées. C'est là, selon le mot d'un homme qui n'était pas dépourvu de capacités, une étude où personne ne peut jamais devenir docteur[1]. Le résultat de ces recherches, et voilà la seule bonne nouvelle de ma présente communication, je ne le livrerai pas sous la forme cinématographique[2].

Mais, bien entendu, toutes les idées sont vides quand la grandeur ne peut plus être rencontrée dans l'existence de chaque jour : ainsi, l'œuvre complète des penseurs d'élevage, que l'on commercialise à cette heure de la marchandise décomposée, n'arrive pas à cacher le goût de l'aliment qui les a nourris. J'ai donc habité, pendant ces années, un pays où j'étais peu connu. La disposition de l'espace d'une des meilleures villes qui furent jamais[3], et les personnes, et l'emploi que nous avons fait du temps, tout cela composait un ensemble qui ressemblait beaucoup aux plus heureux désordres de ma jeunesse.

1. L'amiral de Coligny, cité par Retz dans ses *Mémoires*, concluait ainsi à propos de la science des factions et troubles civils.
2. Dès 1978 donc, ce film s'était annoncé comme mon dernier.
3. Florence.

Je n'ai nulle part recherché de société paisible ; et c'est tant mieux : car je n'en ai pas vu une seule. Je suis fort calomnié en Italie, où l'on s'est plu à me faire une réputation de terroriste. Mais je suis très indifférent aux accusations les plus variées, parce que mon sort a été d'en faire lever partout sur mon passage, et parce que j'en connais bien la raison. Je n'accorde d'importance qu'à ce qui m'a séduit dans ce pays, et qui n'aurait pu être trouvé ailleurs.

Je revois celle qui était là comme une étrangère dans sa ville. (« Chacune est citoyenne — d'une véritable cité, mais tu veux dire — celle qui a vécu son exil en Italie[1]. ») Je revois « les rives de l'Arno pleines d'adieux[2] ».

Et moi aussi, après bien d'autres, j'ai été banni de Florence.

De toute façon, on traverse une époque comme on passe la pointe de la Dogana, c'est-à-dire plutôt vite.

Tout d'abord, on ne la regarde pas, tandis qu'elle vient. Et puis on la découvre en arrivant à sa hauteur, et l'on doit convenir qu'elle a été bâtie ainsi, et pas autrement. Mais déjà nous doublons ce cap, et nous le laissons après nous, et nous nous avançons dans des eaux inconnues.

« Quand nous étions jeunes, nous avons quelque temps fréquenté un maître, — quelque temps nous fûmes heu-

---

1. Dante, *Purgatoire*, Chant XIII.
2. Musset, *Lorenzaccio*.

reux de nos progrès. — Vois le fond de tout cela : que nous arriva-t-il ? — Nous étions venus comme de l'eau, nous sommes partis comme le vent[1]. »

En une vingtaine d'années, on n'a le temps d'habiter vraiment qu'un petit nombre de maisons. Celles-ci ont toujours été pauvres, je le note, mais bien situées tout de même. Ce qui valait de l'être, y a toujours été reçu ; et le reste rejeté à la porte. La liberté n'avait pas alors beaucoup d'autres demeures.

« Où sont les gracieux galants — que je suivais au temps jadis[2] ? » Ceux-là sont morts ; un autre a vécu encore plus vite, jusqu'à ce que se referment les grilles de la démence.

La sensation de l'écoulement du temps a toujours été pour moi très vive, et j'ai été attiré par elle, comme d'autres sont attirés par le vide ou par l'eau. En ce sens, j'ai aimé mon époque, qui aura vu se perdre toute sécurité existante et s'écouler toutes choses de ce qui était socialement ordonné. Voilà des plaisirs que la pratique du plus grand art ne m'aurait pas donnés.

Quant à ce que nous avons fait, comment pourrait-on en évaluer le résultat présent ? Nous traversons maintenant ce paysage dévasté par la guerre qu'une société livre contre elle-même, contre ses propres possibilités. L'enlaidissement de tout était sans doute le prix inévitable du

1. Quatrain d'Omar Kháyyám.
2. François Villon.

conflit. C'est parce que l'ennemi a poussé si loin ses erreurs, que nous avons commencé à gagner[1].

La cause la plus vraie de la guerre, dont on a donné tant d'explications fallacieuses, c'est qu'elle devait forcément venir comme un affrontement sur le changement; il ne lui restait plus rien des caractères d'une lutte entre la conservation et le changement. Nous étions nous-mêmes, plus que personne, les gens du changement, dans un temps changeant. Les propriétaires de la société étaient obligés, pour se maintenir, de vouloir un changement qui était l'inverse du nôtre. Nous voulions tout reconstruire, et eux aussi, mais dans des directions diamétralement opposées. Ce qu'ils ont fait montre suffisamment, en négatif, notre projet. Leurs immenses travaux ne les ont donc menés que là, à cette corruption. La haine de la dialectique a conduit leurs pas jusqu'à cette fosse à purin[2].

Nous devions faire disparaître, et nous avions pour cela de bonnes armes, toute illusion de dialogue entre ces perspectives antagonistes; et puis les faits donneraient leur verdict. Ils l'ont donné.

---

1. On n'ose pas encore mesurer l'importance qu'a eue la catastrophe nucléaire de 1986 à Tchernobyl dans l'effondrement de la bureaucratie totalitaire en Russie, qui a commencé trois ans plus tard; ni à quel point les facilités grandissantes des méthodes de gouvernement *démocratique-spectaculaire*, et l'usage excessif qui en a été fait, ont entraîné l'atrophie foudroyante du sens stratégique chez ceux qui règnent à ces conditions.

2. Ce que l'on désigne ici ou là comme les malheurs accidentels de la pollution; mais qui sont en fait des nécessités logiques partout obscurément présentes dans le « bonheur » choisi par la société spectaculaire-marchande.

Elle est devenue ingouvernable, cette « terre gâtée » où les nouvelles souffrances se déguisent sous le nom des anciens plaisirs ; et où les gens ont si peur. Ils tournent en rond dans la nuit et ils sont consumés par le feu. Ils se réveillent effarés, et ils cherchent en tâtonnant la vie. Le bruit court que ceux qui l'expropriaient l'ont, pour comble, égarée.

Voilà donc une civilisation qui brûle, chavire et s'enfonce tout entière. Ah ! le beau torpillage !

Et moi, que suis-je devenu au milieu de ce désastreux naufrage, que je trouve nécessaire ; auquel on peut même dire que j'ai travaillé, puisqu'il est assurément vrai que je me suis abstenu de travailler à quoi que ce soit d'autre ?

Ce qu'un poète de l'époque T'ang a écrit *En se séparant d'un voyageur,* pourrais-je l'appliquer à cette heure de mon histoire ?

« Je descendis de cheval ; je lui offris le vin de l'adieu, — et je lui demandai quel était le but de son voyage. — Il me répondit : je n'ai pas réussi dans les affaires du monde ; — je m'en retourne aux monts Nan-Chan pour y chercher le repos. »

Mais non, je vois très distinctement qu'il n'y a pas pour moi de repos ; et d'abord parce que personne ne me fait la grâce de penser que je n'ai pas réussi dans les affaires du monde. Mais, fort heureusement, personne ne pourra dire non plus que j'y ai réussi. Il faut donc admettre qu'il n'y avait pas de succès ou d'échec pour Guy Debord, et ses prétentions démesurées.

C'était déjà l'aube de cette fatigante journée que nous voyons finir, quand le jeune Marx écrivait à Ruge[1] : «Vous ne me direz pas que j'estime trop le temps présent; et si pourtant je n'en désespère pas, ce n'est qu'en raison de sa propre situation désespérée, qui me remplit d'espoir.»

L'appareillage d'une époque pour la froide histoire n'a rien apaisé, je dois le dire, de ces passions dont j'ai donné de si beaux et si tristes exemples.

Comme le montrent encore ces dernières réflexions sur la violence, il n'y aura pour moi ni retour, ni réconciliation.

La sagesse ne viendra jamais.

À REPRENDRE DEPUIS LE DÉBUT[2]

1. En mai 1843.
2. S'opposant aux traditionnelles marques de conclusion, « Fin » ou « À suivre », la phrase doit être comprise à tous les sens du verbe « reprendre ». Elle veut dire d'abord que le film, dont le titre était un palindrome, eût gagné à être revu à l'instant, pour atteindre plus pleinement son effet désespérant : c'est quand on a connu la fin que l'on peut savoir comment il fallait comprendre le début. Elle veut dire aussi qu'il faudra recommencer, tant l'action évoquée que les commentaires à ce propos. Elle veut dire enfin qu'il faudra tout reconsidérer depuis le début, corriger, blâmer peut-être, pour arriver un jour à des résultats plus dignes d'admiration.

FICHE TECHNIQUE

In girum imus nocte et consumimur igni (mars 1978), long métrage de 105 mn, format 35 mm, noir et blanc.
Tourné en 1977. Produit par Simar Films.
Écrit et réalisé par Guy Debord.
Assistants réalisateurs : Élisabeth Gruet et Jean-Jacques Raspaud.
Chef opérateur : André Mrugalski.
Assistant opérateur : Richard Copans.
Montage : Stéphanie Granel, assistée de Christine Noël.
Ingénieur du son, mixage : Dominique Dalmasso.
Bruitage : Jérôme Levy.
Documentaliste : Joëlle Barjolin.
Machiniste : Bernard Largemain.

Musique : François Couperin,
           prélude du *Quatrième Concert royal*
           premier mouvement du *Nouveau Concert n° 11.*
       Benny Colson,
           Whisper not (interprété par Art Blakey et les Jazz Messengers).

NOTES DIVERSES
DE L'AUTEUR
AUTOUR DE *IN GIRUM*...

SUR *IN GIRUM*[1]...

Tout le film (aussi à l'aide des images, mais déjà dans le texte du « commentaire ») est bâti sur le thème de *l'eau.* On y cite donc les poètes de *l'écoulement* de tout (Li Po, Omar Kháyyám, Héraclite, Bossuet, Shelley?), qui tous ont parlé de l'eau : *c'est le temps.*

Il y a, secondairement, le thème du *feu*; de *l'éclat de l'instant* : c'est la révolution, Saint-Germain-des-Prés, la jeunesse, l'amour, la *négation dans sa nuit*, le Diable, la bataille et les « entreprises inachevées » où vont mourir les hommes, éblouis en tant que « voyageurs qui passent » ; et le *désir dans cette nuit du monde* (« nocte consumimur igni »).

Mais l'eau du temps demeure qui emporte le feu, et l'éteint. Ainsi l'éclatante jeunesse de Saint-Germain-des-Prés, le feu de l'assaut de l'ardente « brigade légère » ont

1. C'est à partir de cette note que Guy Debord avait entrepris d'écrire une *Apologie. (N.d.É.)*

été noyés dans l'eau courante du siècle quand elles se sont avancées «sous le canon du temps»...

22 décembre 1977
G. D.

Sur McGivern (et pour AFP)

Tout le film (aussi à l'aide de images, mais aussi dans le texte du "commentaire") est bâti sur le thème de l'eau. On y cite donc les petits de l'écoulement tout (Li Po, Omar Khayyam, Héraclite, Bossuet, Shelley ?), qui tous ont parlé de l'eau : c'est le temps.

Il y a, naturellement, le thème du feu ; de l'éclat de l'instant : c'est le thème de la révolution !

2) Gu涉la Pie, la femme, l'amour, le végétation dans sa nuit, le diable la bataille et le "catégories accidents" ou deviennent le lumineux, éclair en fait que "voyageur ignorant", et le l'incidence du reste du limité (chef vou lais représente l'eau de l'arme qui jaillis), mais l'eau de l'arme...

qui emporte le feu, et l'instant. Ainsi : l'éclatant. Germain in Pie, est feuvreux d'i-de l'ardent. le feu de l'avant moyen dans l'eau courante. La étoile par la finale de seront courir dans le sens le ceux fleuve de temps...

NOTE SUR L'EMPLOI
DES FILMS VOLÉS

Sur la question des films volés, c'est-à-dire des fragments de films extérieurs transportés dans mes films — et notamment dans *La Société du Spectacle* — (j'envisage principalement ici les films qui *interrompent* et ponctuent, avec leurs propres paroles, le texte du « commentaire », qui est celui du livre), il faut noter ceci :

On pouvait déjà lire dans « Mode d'emploi du détournement » (*Lèvres nues*, n° 8) : « Il faut donc concevoir un stade parodique-sérieux où l'accumulation d'éléments détournés... s'emploierait à rendre un certain sublime. »

Le « détournement » n'était pas ennemi de l'art. Les ennemis de l'art ont été plutôt ceux qui n'ont pas voulu tenir compte des enseignements positifs de l'« art dégénéré ».

Dans le film *La Société du Spectacle,* les films (de fiction) détournés par moi ne sont donc pas pris comme des *illustrations* critiques d'un art de la société spectaculaire, contrairement aux documentaires et actualités par exemple. Ces films de fiction volés, étant étrangers à mon film mais transportés là, sont chargés, *quel qu'ait pu être leur sens précédent,* de représenter, au contraire, *le renversement du « renversement artistique de la vie ».*

Derrière le spectacle, il y avait la vie réelle qui a été déportée au delà de l'écran. J'ai prétendu « exproprier les expropriateurs ». *Johnny Guitar* évoque les réels souvenirs de l'amour, *Shangaï-Gesture* d'autres lieux aventureux, *Pour qui sonne le glas* la révolution vaincue. Le western *Rio Grande* veut évoquer toute action et réflexion historique. *Arkadin* vient pour évoquer d'abord la Pologne ; puis la vie juste. Le film russe, intégré dans le discours, est aussi en quelque manière rendu à la révolution. Le film américain sur la guerre de Sécession (sur Custer) veut évoquer toutes les luttes de classes du xixe siècle ; et même leur avenir.

Il y a un déplacement dans *In girum...*, qui tient à plusieurs importantes différences : j'ai tourné directement une partie des images, j'ai écrit directement le texte pour *ce* film, enfin le thème du film n'est pas le spectacle mais au contraire la vie réelle. Il reste que les films qui interrompent le discours viennent plutôt le soutenir positivement, même s'il y a une certaine dimension ironique (Lacenaire, le Diable, le fragment de Cocteau, ou l'anéantissement du régiment de Custer). *La Charge de la Brigade légère* veut « représenter », très lourdement et élogieusement, une dizaine d'années de l'action de l'I.S. !

Et bien entendu, l'emploi de la *musique,* tout aussi détournée que le reste, mais que même là chacun sentira comme son emploi normal, a toujours une intention positive, « lyrique », jamais distanciée.

31 mai 1989
G. D.

LISTE DES CITATIONS
OU DÉTOURNEMENTS DANS LE TEXTE
DU FILM *IN GIRUM*...

(dont il faut tenir compte, plus ou moins, selon
le pays, d'après les *originaux* de la langue
dans laquelle le texte est traduit, ou d'après les
bonnes traductions *déjà connues* de ces phrases,
quand elles existent dans cette langue[1])

p. 17   « péonage » : statut particulier du *péon* de l'Amérique latine, qui est en principe un salarié, mais qui doit tout acheter, à crédit et à un prix fixé sans concurrence, aux boutiques tenues sur place par le propriétaire même de la *hacienda* qui l'emploie.

p. 19   « Ceux qui n'avaient jamais eu de proie, l'ont lâchée pour l'ombre » : évocation-retournement de la vieille expression proverbiale « lâcher la proie pour l'ombre ».

p. 20   « par le trou de la serrure » : expression de Hegel ; en allemand, *« Flaschenarsch »*.

p. 20-21   « Le cinéma dont je parle [...] que le temps emporte » : Bossuet, *Oraison funèbre de la Duchesse d'Orléans*[2] : « La sagesse dont il parle en ce lieu [...] en amassant des choses que le vent emporte. »

1. Liste adressée au Néerlandais Jaap Kloosterman le 9 avril 1981.
2. Il s'agit de Henriette-Anne d'Angleterre, duchesse d'Orléans.
(*N.d.É.*)

p. 21 « le mouvement réel qui dissout les conditions existantes » : Marx : « Nous appelons communisme... ».

p. 22 « Il aurait pu être le film que je fais en ce moment » : évocation de Lautréamont, *Poésies* : « La phrase... »

p. 22 « un film qui méprise cette poussière d'images qui le compose » : Saint-Just (le dernier ou un des tout derniers discours à la Convention) : « Je méprise cette poussière qui me compose et qui vous parle. »

p. 22 « le contre-champ » : terme technique du cinéma, qui signifie le point de vue inverse de celui qu'avait précédemment la caméra.

p. 23 « piller » : au sens « littéraire » : prendre des idées ou des phrases chez un auteur.

p. 23 citation de Swift : ouverture de l'*Irréfutable essai sur les facultés de l'âme.*

p. 26 citation de Jomini : phrase issue *probablement* du *Précis de l'art de la guerre*, mais sans doute inutile de la rechercher, parce que je crois Jomini très peu traduit ; sauf peut-être en allemand et en anglais.

p. 26 « Les hommes, le plus souvent... » : terme, et ton général de la phrase, évoquant Machiavel.

p. 26 « au niveau de leur compétence » : évocation de l'humoristique « principe de Peter » sur « le niveau d'incompétence ».

p. 26 «les dames, les cavaliers [...] entreprises» : les
deux premiers vers de l'épopée de l'Arioste :
Orlando furioso.

p. 27 «dans ces lieux où tout est devenu si mauvais» :
Dante, dit par un personnage dont j'ai oublié le
nom, évoquant, je crois, Bologne[1].

p. 27 «Ici fut la demeure [...] dans la mer» : poème de
Li Po, traduit par Hervey-Saint-Denis.

p. 28 «Paris alors [...] arrondissements» : Dante, *Paradis*, discours de Cacciaguida.

p. 28 «On n'en avait pas [...] dispersé les habitants» :
Machiavel, *Le Prince* : «Et qui devient seigneur
d'une cité accoutumée à vivre libre...»

p. 28 «Les maisons n'étaient pas [...] d'aller dormir au
loin» : Dante, *Paradis*, discours de Cacciaguida
sur l'ancienne Florence.

p. 28 «dans cette vallée de la désolation» : terme
biblique.

p. 29 «On aurait été aussi étonnés [...] resurgir un
Donatello ou un Thucydide» : Dante, *Paradis*,
discours de Cacciaguida.

p. 29 «livres rédigés depuis en béton [...] bâtiments
maçonnés en plats sophismes» : renversement
volontaire de l'emploi ordinaire du matériau.

p. 29 citation de Musil : Là — mais où diable ? — où il
évoque l'inutilité des livres des moralistes[2].

---

1. Dante, *Purgatoire*, XIV, 111. (*N.d.É.*)
2. Musil, *L'Homme sans qualités*, vol. I, 2ᵉ partie, chap. 61. (*N.d.É.*)

p. 29   « on ne peut pas [...] une substance périssable dans le même état » : citation d'Héraclite.

p. 30   « où le négatif tenait sa cour » : Shakespeare, « car, dans la couronne des rois, la mort tient sa cour » (*Henry IV*?) [1].

p. 31   « L'ordre règne... » : le principe constitutionnel anglais : « Le roi règne et ne gouverne pas. »

p. 31   « *Le Démon des armes* » : titre du film américain : *Gun crazy*.

p. 31   « On s'en souviendra de cette planète » : dernier mot de Villiers de l'Isle-Adam mourant.

p. 32   « en enfants perdus » : vieux mot militaire pour les éclaireurs avancés. D'après les Anglais, il existe une expression hollandaise (ou Boer ?) qui est même employée chez eux.

p. 32   « Tout ce qui a été si mauvais [...] resté le même » : Pascal, *Pensées*.

p. 34   « J'ai bu leur vin » : évoque la vieille expression d'origine féodale : « J'ai mangé son pain. »

p. 35   « La boisson et le diable... » : chanson des pirates dans *L'Île au trésor* de Stevenson.

p. 35   « À la moitié du chemin [...] sombre mélancolie » : Dante. Les deux premiers vers de la *Divine Comédie* : « Nel mezzo del cammin di nostra vita, — mi ritrovai per una selva oscura... »

p. 35   « jeunesse perdue » : au sens de « voyous », et non de « temps passé ».

---

1. Shakespeare, *Richard II*. (*N.d.É.*)

p. 35 « Pour parler clairement [...] du Néant » : quatrain d'Omar Kháyyám.

p. 35 « Que de fois dans les âges [...] peuples qui ne sont pas encore ! » : Shakespeare, *Jules César*.

p. 35 « Qu'est-ce que l'écriture ? [...] des amis » : Alcuin, *Le Dit de l'enfant sage*. Texte en latin, sur l'instruction du jeune Pépin, fils de Charlemagne.

p. 35 « Bernard, que prétends-tu [...] cette verte jeunesse ne durera pas toujours » : Bossuet, *Apologie de Bernard de Clairvaux*[1].

p. 36 « Une génération passe [...] durant le temps qui passe comme l'ombre » : L'Ecclésiaste.

p. 37 « Non, nous allons [...] l'ombre de ces arbres » : dernière parole du général Stonewall Jackson mourant pendant la guerre de Sécession. Évoquée dans le titre du roman d'Hemingway *Au-delà du fleuve et sous les arbres* (*Across the river and into the trees*).

p. 37 « le couteau à la main » : expression de Machiavel (*Le Prince*, je crois, au chapitre qui conseille d'employer toutes les cruautés ensemble, dès la prise du pouvoir[2]).

p. 38 « l'ordre du monde » : au sens hégélien.

p. 38 « étant ce que je suis » : il y a là une *nuance* de modestie, plutôt que d'orgueil.

p. 39 « se donner de l'air, opérer une sortie, puis tenir la campagne » : expressions militaires. Tout ce paragraphe est écrit dans un langage stratégique.

---

1. *Panégyrique de saint Bernard.* (N.d.É.)
2. Machiavel, *Le Prince*, chap. VIII. (N.d.É.)

La citation de Clausewitz vient de je ne sais lequel de ses *Essais*, parus chez Gallimard[1].

p. 39   citation de Gracián : *L'Homme de cour.*

p. 39   « Mais puis-je oublier celui que je vois partout » : Bossuet, *Oraison funèbre de Michel Le Tellier* (évoquant le Cardinal de Retz).

p. 40   « Les naufrageurs n'écrivent leur nom que sur l'eau » : évoquant l'épitaphe de Shelley[2] : « Ci-gît un homme dont le nom a été écrit sur l'eau. » J'ai appris, à ma vive surprise, que le terme de « naufrageur » n'existe pas dans la langue de ces pirates d'Italiens ! Mais il existe fatalement en Hollande. (Ceux qui, par de faux signaux, attiraient les bateaux de la côte.)

p. 40   « notre quête » : au sens de « la Quête du Graal », donc le mot médiéval pour recherche.

p. 42   « prince des ténèbres » : le titre chrétien pour le diable.

p. 42   « le système des lumières présentes » : plaisanterie par rapport au temps de l'*Aufklärung.*

p. 42   « celui à qui on a fait du tort » : le mot de passe des millénaristes italiens, évoqué pour Bakounine par ses partisans en Italie (cité dans *Bakounine et ses contemporains*).

p. 43   « la parole dite en son temps » : expression biblique.

---

1. Clausewitz, *Remarques sur la stratégie pure et appliquée de Monsieur Buelow. (N.d.É.)*
2. Composée en réalité par Keats pour lui-même et reprise par Shelley. *(N.d.É.)*

p. 44   «Ô misère!…» : c'est un des moins mauvais poèmes de Victor Hugo dans *Les Châtiments*. Je le signale pour la drôlerie de cette plaisanterie secrète, et non pour qu'on en recherche la traduction dans d'autres langues.

p. 44   « tenté une fois de s'en emparer à force ouverte » : c'est une expression très dure, qui implique la violence armée. C'est, dans ce texte, la seule évocation de Mai 1968.

p. 45   « bonne vieille cause » : c'est l'expression des Niveleurs dans la révolution anglaise du xviie siècle : *« old good cause »*.

p. 45   « démontés » : littéralement, c'est une expression de cavalier. Mais elle a aussi le sens psychologique de gens qui ne savent plus ce qu'il faut faire.

p. 46   « on se jette » : au sens militaire : on attaque au plus vite.

p. 46   citation de Sun Tsé : *L'Art de la guerre*.

p. 46   citation de Clausewitz : *Notes sur la Prusse dans sa grande catastrophe*.

p. 46   « payer au comptant pour voir la suite » : deux expressions se complètent là : le concept clausewitzien dans *De la guerre* (la guerre ressemblant là au commerce), sur le moment où il faut payer au comptant avec du sang, dans la bataille. Et «voir la suite» évoque le poker.

p. 47   « la tenue » : mot signifiant *l'uniforme*, et aussi la bonne apparence.

p. 47   « Le particulier s'use en combattant » : fameuse formule de Hegel.

p. 48   « Cependant tes os [...] entreprise inachevée » : citation de l'*Iliade*, à je ne sais plus quel chant[1].

p. 48   « marche dérobée » : expression stratégique : marche soudaine pour échapper à l'adversaire en lui laissant quelque temps le doute sur la direction prise.

p. 49   « Ils ignoraient que [...] ne suffit pas » : Machiavel (sur le Gonfalonier Soderini. Très probablement dans les *Discours sur la Première Décade de Tite-Live*[2] ?)

p. 50   « penseurs d'élevage » et « le goût de l'aliment qui les a nourris » : évocation du bétail et de la volaille d'aujourd'hui, nourris chimiquement.

p. 51   « Chacune est citoyenne [...] son exil en Italie » : Dante, *Purgatoire* : « Ciascuna è cittadina — d'una vera città ma tu vuoi dire — che vivesse in Italia peregrina. » Chant XIII (ou peut-être XII ?)[3].

p. 51   « les rives de l'Arno pleines d'adieux » : citation de Musset, *Lorenzaccio*.

p. 51-52   « Quand nous étions jeunes [...] comme le vent » : quatrain d'Omar Kháyyám.

p. 52   « Où sont les gracieux galants [...] jadis ? » : citation de François Villon.

---

1. Chant IV. *(N.d.É.)*
2. Livre troisième, chap. xxx. *(N.d.É.)*
3. Chant XIII, 94-96. *(N.d.É.)*

p. 53   « La cause la plus vraie de la guerre » : concept de Thucydide, dans l'introduction à *La Guerre du Péloponnèse.*

p. 54   « terre gâtée » : terme médiéval du cycle breton ; « terre gastée », c'est-à-dire ravagée. L'équivalent anglais est le titre de T. S. Eliot : *Waste Land.*

p. 54   « Ils se réveillent effarés [...] la vie » : détourné des *Mémoires* de Retz sur le début de la Fronde (« Cherchent en tâtonnant les lois »).

p. 54   citation d'un poète T'ang : se trouve dans le recueil d'Hervey-Saint-Denys.

p. 55   « réflexions sur la violence » : évoque Sorel.

p. 55   « À REPRENDRE DEPUIS LE DÉBUT » : le mot reprendre a ici plusieurs sens conjoints dont il faut garder le maximum. D'abord : à relire, ou revoir, depuis le début (évoquant ainsi la structure circulaire du titre-palindrome). Ensuite : à refaire (le film ou la vie de l'auteur). Ensuite : à critiquer, corriger, blâmer.

Champot, 1980.

POUR L'INGÉNIEUR DU SON

Il faut égaliser partout à la même hauteur les phrases du commentaire ; et autant que possible faire de même à l'intérieur de chacune de ces phrases. On ne recherche aucun effet oratoire en élevant la voix sur certains mots. Il s'agit d'obtenir un discours monotone et froid, un peu lointain (tout en restant évidemment audible).

Les quelques phrases qui passent sur un écran blanc (citations d'HURLEMENTS...) doivent être d'une intensité sonore nettement au-dessous du commentaire lui-même : plus assourdies, venant de plus loin.

Pour les dialogues extraits d'autres films, respecter leurs variations internes de ton, mais assourdir *un peu* leur éclat éventuel, pour qu'ils ne soient pas trop éloignés du niveau du commentaire.

La musique : normale, assez forte. L'éteindre au plus court à la fin de chaque intervention.

G. D.

MODE D'EMPLOI
DU DÉTOURNEMENT

Tous les esprits un peu avertis de notre temps s'accordent sur cette évidence qu'il est devenu impossible à l'art de se soutenir comme activité supérieure, ou même comme activité de compensation à laquelle on puisse honorablement s'adonner. La cause de ce dépérissement est visiblement l'apparition de forces productives qui nécessitent d'autres rapports de production et une nouvelle pratique de la vie. Dans la phase de guerre civile où nous nous trouvons engagés, et en liaison étroite avec l'orientation que nous découvrons pour certaines activités supérieures à venir, nous pouvons considérer que tous les moyens d'expression connus vont confluer dans un mouvement général de propagande qui doit embrasser tous les aspects, en perpétuelle interaction, de la réalité sociale.

Sur les formes et la nature même d'une propagande éducative, plusieurs opinions s'affrontent, généralement inspirées par les diverses politiques réformistes actuellement en vogue. Qu'il nous suffise de déclarer que, pour nous, sur le plan culturel comme sur le plan strictement politique, les prémisses de la révolution ne sont pas seu-

lement mûres, elles ont commencé à pourrir. Non seulement le retour en arrière, mais la poursuite des objectifs
culturels « actuels », parce qu'ils dépendent en réalité des
formations idéologiques d'une société passée qui a pro-
longé son agonie jusqu'à ce jour, ne peuvent avoir d'efficacité que réactionnaire. L'innovation extrémiste a seule
une justification historique.

Dans son ensemble, l'héritage littéraire et artistique de
l'humanité doit être utilisé à des fins de propagande par-
tisane. Il s'agit, bien entendu, de passer au-delà de toute
idée de scandale. La négation de la conception bourgeoise du génie et de l'art ayant largement fait son temps,
les moustaches de la Joconde ne présentent aucun caractère plus intéressant que la première version de cette pein-
ture. Il faut maintenant suivre ce processus jusqu'à la
négation de la négation. Bertolt Brecht révélant, dans une
interview accordée récemment à l'hebdomadaire *France-
Observateur*, qu'il opérait des coupures dans les classiques
du théâtre pour en rendre la représentation plus heureusement éducative, est bien plus proche que Duchamp
de la conséquence révolutionnaire que nous réclamons.
Encore faut-il noter que, dans le cas de Brecht, ces utiles
interventions sont tenues dans d'étroites limites par un
respect malvenu de la culture, telle que la définit la classe
dominante : ce même respect, enseigné dans les écoles
primaires de la bourgeoisie et dans les journaux des partis
ouvriers, qui conduit les municipalités les plus rouges de
la banlieue parisienne à réclamer toujours *Le Cid* aux tour-
nées du T. N. P. de préférence à *Mère Courage*.

À vrai dire, il faut en finir avec toute notion de propriété
personnelle en cette matière. Le surgissement d'autres
nécessités rends caduques les réalisations « géniales » pré-

cédentes. Elles deviennent des obstacles, de redoutables habitudes. La question n'est pas de savoir si nous sommes ou non portés à les aimer. Nous devons passer outre.

Tous les éléments, pris n'importe où, peuvent faire l'objet de rapprochements nouveaux. Les découvertes de la poésie moderne sur la structure analogique de l'image démontrent qu'entre deux éléments, d'origines aussi étrangères qu'il est possible, un rapport s'établit toujours. S'en tenir au cadre d'un arrangement personnel des mots ne relève que de la convention. L'interférence de deux mondes sentimentaux, la mise en présence de deux expressions indépendantes, dépassent leurs éléments primitifs pour donner une organisation synthétique d'une efficacité supérieure. Tout peut servir.

Il va de soi que l'on peut non seulement corriger une œuvre ou intégrer divers fragments d'œuvres périmées dans une nouvelle, mais encore changer le sens de ces fragments et truquer de toutes les manières que l'on jugera bonnes ce que les imbéciles s'obstinent à nommer des citations.

De tels procédés parodiques ont été souvent employés pour obtenir des effets comiques. Mais le comique met en scène une contradiction à un état donné, posé comme existant. En la circonstance, l'état de choses littéraire nous paraissant presque aussi étranger que l'âge du renne, la contradiction ne nous fait pas rire. Il faut donc concevoir un stade parodique-sérieux où l'accumulation d'éléments détournés, loin de vouloir susciter l'indignation ou le rire en se référant à la notion d'une œuvre originale, mais marquant au contraire notre indifférence pour un original vidé de sens et oublié, s'emploierait à rendre un certain sublime.

On sait que Lautréamont s'est avancé si loin dans cette voie qu'il se trouve encore partiellement incompris par ses admirateurs les plus affichés. Malgré l'évidence du procédé appliqué dans *Poésies,* particulièrement sur la base de la morale de Pascal et Vauvenargues, au langage théorique — dans lequel Lautréamont veut faire aboutir les raisonnements, par concentrations successives, à la seule maxime — on s'est étonné des révélations d'un nommé Viroux, voici trois ou quatre ans, qui empê-chaient désormais les plus bornés de ne pas reconnaître dans *Les Chants de Maldoror* un vaste détournement, de Buffon et d'ouvrages d'histoire naturelle entre autres. Que les prosateurs du *Figaro,* comme ce Viroux lui-même, aient pu y voir une occasion de diminuer Lautréamont, et que d'autres aient cru devoir le défendre en faisant l'éloge de son insolence, voilà qui ne témoigne que de la débilité intellectuelle de vieillards des deux camps, en lutte courtoise. Un mot d'ordre comme «le plagiat est nécessaire, le progrès l'implique» est encore aussi mal compris, et pour les mêmes raisons, que la phrase fameuse sur la poésie qui «doit être faite par tous».

L'œuvre de Lautréamont — que son apparition extrê-mement prématurée fait encore échapper en grande par-tie à une critique exacte — mise à part, les tendances au détournement que peut reconnaître une étude de l'ex-pression contemporaine sont pour la plupart incons-cientes ou occasionnelles; et, plus que dans la production esthétique finissante, c'est dans l'industrie publicitaire qu'il faudrait en chercher les plus beaux exemples.

On peut d'abord définir deux catégories principales pour tous les éléments détournés, et sans discerner si leur mise en présence s'accompagne ou non de corrections introduites dans les originaux. Ce sont les *détournements mineurs*, et les *détournements abusifs*.

Le détournement mineur est le détournement d'un élément qui n'a pas d'importance propre et qui tire donc tout son sens de la mise en présence qu'on lui fait subir. Ainsi des coupures de presse, une phrase neutre, la photographie d'un sujet quelconque.

Le détournement abusif, dit aussi détournement de proposition prémonitoire, est au contraire celui dont un élément significatif en soi fait l'objet : élément qui tirera du nouveau rapprochement une portée différente. Un slogan de Saint-Just, une séquence d'Eisenstein par exemple.

Les œuvres détournées d'une certaine envergure se trouveront donc le plus souvent constituées par une ou plusieurs séries de détournements abusifs-mineurs.

Plusieurs lois sur l'emploi du détournement se peuvent dès à présent établir.

C'est l'élément détourné le plus lointain qui concourt le plus vivement à l'impression d'ensemble, et non les éléments qui déterminent directement la nature de cette impression. Ainsi dans une métagraphie relative à la guerre d'Espagne la phrase au sens le plus nettement révolutionnaire est cette réclame incomplète d'une marque de rouge à lèvres : « les jolies lèvres ont du rouge ». Dans une autre métagraphie (« Mort de J. H. ») cent vingt-cinq petites annonces sur la vente de débits de boissons traduisent un suicide plus visiblement que les articles de journaux qui le relatent.

Les déformations introduites dans les éléments détournés doivent tendre à se simplifier à l'extrême, la principale force d'un détournement étant fonction directe de sa reconnaissance, consciente ou trouble, par la mémoire. C'est bien connu. Notons seulement que si cette utilisation de la mémoire implique un choix du public préalable à l'usage du détournement, ceci n'est qu'un cas particulier d'une loi générale qui régit aussi bien le détournement que tout autre mode d'action sur le monde. L'idée d'expression dans l'absolu est morte, et il ne survit momentanément qu'une singerie de cette pratique, tant que nos autres ennemis survivent.

Le détournement est d'autant moins opérant qu'il s'approche d'une réplique rationnelle. C'est le cas d'un assez grand nombre de maximes retouchées par Lautréamont. Plus le caractère rationnel de la réplique est apparent, plus elle se confond avec le banal esprit de repartie, pour lequel il s'agit également de faire servir les paroles de l'adversaire contre lui. Ceci n'est naturellement pas limité au langage parlé. C'est dans cet ordre d'idées que nous eûmes à débattre le projet de quelques-uns de nos camarades visant à détourner une affiche antisoviétique de l'organisation fasciste «Paix et Liberté» — qui proclamait, avec vues de drapeaux occidentaux emmêlés, «l'union fait la force» — en y ajoutant sur un tract de format réduit la phrase «et les coalitions font la guerre».

Le détournement par simple retournement est toujours le plus immédiat et le moins efficace. Ce qui ne signifie pas qu'il ne puisse avoir un aspect progressif. Par exemple cette appellation pour une statue et un homme : «Le Tigre dit Clemenceau». De même la messe noire oppose à la construction d'une ambiance qui se fonde sur une métaphysique donnée, une construction d'ambiance dans le même cadre, en renversant les valeurs conservées, de cette métaphysique.

Des quatre lois qui viennent d'être énoncées, la première est essentielle et s'applique universellement. Les trois autres ne valent pratiquement que pour les éléments abusifs détournés.

Les premières conséquences apparentes d'une généralisation du détournement, outre les pouvoirs intrinsèques de propagande qu'il détient, seront la réapparition d'une foule de mauvais livres ; la participation massive d'écrivains ignorés ; la différenciation toujours plus poussée des phrases ou des œuvres plastiques qui se trouveront être à la mode ; et surtout une facilité de la production dépassant de très loin, par la quantité, la variété et la qualité, l'écriture automatique d'ennuyeuse mémoire.

Non seulement le détournement conduit à la découverte de nouveaux aspects du talent, mais encore, se heurtant de front à toutes les conventions mondaines et juridiques, il ne peut manquer d'apparaître un puissant instrument culturel au service d'une lutte de classes bien comprise. Le bon marché de ses produits est la grosse artillerie avec laquelle on bat en brèche toutes les murailles de Chine de l'intelligence. Voici un réel moyen d'enseignement artistique prolétarien, la première ébauche d'un *communisme littéraire.*

Les propositions et les réalisations sur le terrain du détournement se multiplient à volonté. Limitons-nous pour le moment à montrer quelques possibilités concrètes à partir des divers secteurs actuels de la communication, étant bien entendu que ces divisions n'ont de valeur qu'en fonction des techniques d'aujourd'hui, et tendent toutes à disparaître au profit de synthèses supérieures, avec les progrès de ces techniques.

Outre les diverses utilisations immédiates des phrases détournées dans les affiches, le disque ou l'émission radiophonique, les deux principales applications de la prose détournée sont l'écriture métagraphique et, dans une moindre mesure, le cadre romanesque habilement perverti.

Le détournement d'une œuvre romanesque complète est une entreprise d'un assez mince avenir, mais qui pourrait se révéler opérante dans la phase de transition. Un tel détournement gagne à s'accompagner d'illustrations en rapports non explicites avec le texte. Malgré des difficultés que nous ne nous dissimulons pas, nous croyons qu'il est possible de parvenir à un instructif détournement psychogéographique du *Consuelo* de George Sand, qui pourrait être relancé, ainsi maquillé, sur le marché littéraire, dissimulé sous un titre anodin comme « Grande Banlieue », ou lui-même détourné comme « La Patrouille Perdue » (il serait bon de réinvestir de la sorte beaucoup de titres de films dont on ne peut plus rien tirer d'autre, faute de s'être emparé des vieilles copies avant leur destruction, ou de celles qui continuent d'abrutir la jeunesse dans les cinémathèques).

L'écriture métagraphique, aussi arriéré que soit par ailleurs le cadre plastique où elle se situe matériellement, présente un plus riche débouché à la prose détournée, comme aux autres objets ou images qui conviennent. On peut en juger par le projet, datant de 1951 et abandonné faute de moyens financiers suffisants, qui envisageait l'arrangement d'un billard électrique de telle sorte que les jeux de ses lumières et le parcours plus ou moins prévi-

sible de ses billes servissent à une interprétation méta-
graphique-spatiale qui s'intitulait : « Des sensations ther-
miques et des désirs des gens qui passent devant les grilles
du musée de Cluny, une heure environ après le coucher
du soleil en novembre ». Depuis, bien sûr, nous savons
qu'un travail situationniste-analytique ne peut progresser
scientifiquement par de telles voies. Les moyens cependant restent bons pour des buts moins ambitieux.

C'est évidemment dans le cadre cinématographique
que le détournement peut atteindre à sa plus grande efficacité, et sans doute, pour ceux que la chose préoccupe,
à sa plus grande beauté.

Les pouvoirs du cinéma sont si étendus, et l'absence de
coordination de ces pouvoirs si flagrante, que presque
tous les films qui dépassent la misérable moyenne peuvent
alimenter des polémiques infinies entre divers spectateurs ou critiques professionnels. Ajoutons que seul le
conformisme de ces gens les empêche de trouver des
charmes aussi prenants et des défauts aussi criants dans les
films de dernière catégorie. Pour dissiper un peu cette
risible confusion des valeurs, disons que *Naissance d'une
Nation,* de Griffith, est un des films les plus importants de
l'histoire du cinéma par la masse des apports nouveaux
qu'il représente. D'autre part, c'est un film raciste : il ne
mérite donc absolument pas d'être projeté sous sa forme
actuelle. Mais son interdiction pure et simple pourrait passer pour regrettable dans le domaine, secondaire mais
susceptible d'un meilleur usage, du cinéma. Il vaut bien
mieux le détourner dans son ensemble, sans même qu'il
soit besoin de toucher au montage, à l'aide d'une bande
sonore qui en ferait une puissante dénonciation des hor-
reurs de la guerre impérialiste et des activités du Ku-Klux-

Klan, qui, comme on sait, se poursuivent à l'heure actuelle aux États-Unis.

Un tel détournement, bien modéré, n'est somme toute que l'équivalent moral des restaurations des peintures anciennes dans les musées. Mais la plupart des films ne méritent que d'être démembrés pour composer d'autres œuvres. Évidemment, cette reconversion de séquences préexistantes n'ira pas sans le concours d'autres éléments : musicaux ou picturaux, aussi bien qu'historiques. Alors que jusqu'à présent tout truquage de l'histoire, au cinéma, s'aligne plus ou moins sur le type de bouffonnerie des reconstitutions de Guitry, on peut faire dire à Robespierre, avant son exécution : « malgré tant d'épreuves, mon expérience et la grandeur de ma tâche me font juger que tout est bien ». Si la tragédie grecque, opportunément rajeunie, nous sert en cette occasion à exalter Robespierre, que l'on imagine en retour une séquence du genre néoréaliste, devant le zinc, par exemple, d'un bar de routiers — un des camionneurs disant sérieusement à un autre : « La morale était dans les livres des philosophes, nous l'avons mise dans le gouvernement des nations. » On voit ce que cette rencontre ajoute en rayonnement à la pensée de Maximilien, à celle d'une dictature du prolétariat.

La lumière du détournement se propage en ligne droite. Dans la mesure où la nouvelle architecture semble devoir commencer par un stade expérimental baroque, le *complexe architectural* — que nous concevons comme la construction d'un milieu ambiant dynamique en liaison avec des styles de comportement — utilisera vraisemblablement le détournement de formes architecturales connues, et en tout cas tirera parti, plastiquement et émotionnellement, de toutes sortes d'objets détournés : des grues ou des écha-

faudages métalliques savamment disposés prenant avanta-
geusement la relève d'une tradition sculpturale défunte.
Ceci n'est choquant que pour les pires fanatiques du jar-
din à la française. On se souvient que, sur ses vieux jours,
d'Annunzio, cette pourriture fascisante, possédait dans
son parc la proue d'un torpilleur. Ses motifs patriotiques
ignorés, ce monument ne peut qu'apparaître plaisant.

En étendant le détournement jusqu'aux réalisations de
l'urbanisme, il ne serait sans doute indifférent à personne
que l'on reconstituât minutieusement dans une ville tout
un quartier d'une autre. L'existence, qui ne sera jamais
trop déroutante, s'en verrait réellement embellie.

Les titres mêmes, comme on l'a déjà vu, sont un élément radical du détournement. Ce fait découle des deux
constatations générales qui sont, d'une part, que tous les
titres sont interchangeables, et d'autre part qu'ils ont
une importance déterminante dans plusieurs disciplines.
Tous les romans policiers de la « série noire » se ressemblent intensément, et le seul effort de renouvellement
portant sur le titre suffit à leur conserver un public consi-
dérable. Dans la musique, un titre exerce toujours une
grande influence, et rien ne justifie vraiment son choix.
Il ne serait donc pas mauvais d'apporter une ultime cor-
rection au titre de la *Symphonie héroïque* en en faisant, par
exemple, une « Symphonie Lénine ».

Le titre contribue fortement à détourner l'œuvre, mais
une réaction de l'œuvre sur le titre est inévitable. De
sorte que l'on peut faire un usage étendu de titres précis empruntés à des publications scientifiques (« Biologie
littorale des mers tempérées ») ou militaires (« Combats de nuit des petites unités d'infanterie ») ; et même
de beaucoup de phrases relevées dans les illustrés pour

enfants (« De merveilleux paysages s'offrent à la vue des navigateurs »).

Pour finir, il nous faut citer brièvement quelques aspects de ce que nous nommerons l'ultra-détournement, c'est-à-dire les tendances du détournement à s'appliquer dans la vie sociale quotidienne. Les gestes et les mots peuvent être chargés d'autres sens, et l'ont été constamment à travers l'histoire, pour des raisons pratiques. Les sociétés secrètes de l'ancienne Chine disposaient d'un grand raffinement de signes de reconnaissance, englobant la plupart des attitudes mondaines (manière de disposer des tasses ; de boire ; citations de poèmes arrêtés à des points convenus). Le besoin d'une langue secrète, de mots de passe, est inséparable d'une tendance au jeu. L'idée-limite est que n'importe quel signe, n'importe quel vocable, est susceptible d'être converti en autre chose, voire en son contraire. Les insurgés royalistes de la Vendée, parce qu'affublés de l'immonde effigie du cœur de Jésus, s'appelaient l'Armée Rouge. Dans le domaine pourtant limité du vocabulaire de la guerre politique, cette expression a été complètement détournée en un siècle.

Outre le langage, il est possible de détourner par la même méthode le vêtement, avec toute l'importance affective qu'il recèle. Là aussi, nous trouvons la notion de déguisement en liaison étroite avec le jeu. Enfin, quand on en arrivera à construire des situations, but final de toute notre activité, il sera loisible à tout un chacun de détourner des situations entières en en changeant délibérément telle ou telle condition déterminante.

Les procédés que nous avons sommairement traités ici ne sont pas présentés comme une invention qui nous serait propre, mais au contraire comme une pratique assez communément répandue que nous nous proposons de systématiser.

La théorie du détournement par elle-même ne nous intéresse guère. Mais nous la trouvons liée à presque tous les aspects constructifs de la période de transition présituationniste. Son enrichissement, par la pratique, apparaît donc nécessaire.

Nous remettons à plus tard le développement de ces thèses.

Guy-Ernest Debord et Gil J Wolman
in Les Lèvres nues, n° 8 (mai 1956).

ORDURES ET DÉCOMBRES

déballés

à la sortie du film

In girum imus nocte et consumimur igni

PAR
DIFFÉRENTES SOURCES AUTORISÉES

Je ne vous raconterai pas la suite trop fortunée de ses entreprises, ni ses fameuses victoires dont la vertu était indignée, ni cette longue tranquillité qui a étonné l'univers.

BOSSUET,
Oraisons funèbres

UN NOUVEAU FILM
DE GUY DEBORD

PAVANE POUR AMOURS DÉÇUES

Gaumont *in excelsis* : la marguerite chère à Léon Gaumont donne le coup d'envoi de cette macération situationniste, tournée en mars 1978, proposée enfin au *vulgum pecus* du quartier Latin, de Montparnasse et des Olympic. Dans un préalable, on entend dire que les prolétaires sont plus exploités que jamais dans leurs H.L.M. de cauchemar, que Paris a été définitivement rayé des bords de la Seine. Enfin, le titre : *In girum imus nocte et consumimur igni.* La nuit tombe, le feu embrase la plaine, retournons aux vérités premières. À nous, cher bachot d'antan, où l'on n'accédait pas à l'âge d'homme, où l'on ne pouvait entrer à Polytechnique sans avoir planché sur Horace et Cicéron !

Autre temps, autres mœurs, second enterrement du Saint-Germain de l'immédiat après-guerre, et même un peu plus haut. Guy Debord eut dix ans au début de l'occupation, dans un pays de soleil et à l'accent chantant. Il voit *Les Visiteurs du soir*, *Les Enfants du paradis*, *Orphée* de Jean Cocteau. Il a pu adorer *La Charge de la brigade légère* (1936) de Michael Curtiz, avec Errol Flynn. Situationniste, « révolté sans cause » (pour reprendre le beau titre du film de Nicholas Ray, avec James Dean, *Rebel without a cause*), Guy Debord nous donna, en 1973, un premier film intitulé *La Société du Spectacle*, repris de son livre du même nom. Morale : cassons la baraque, le cinéma au clou, il faut vivre aujourd'hui.

Détournement du spectacle, donc du cinéma, retour à l'essentiel, à la vie immédiate. Guy Debord nous avertit au début de *In girum...* : son film passe au-dessus de toute critique, ne cherche pas à communiquer. Que chacun y trouve son bien s'il est tant soit peu curieux. Le malheur, c'est qu'il n'y a pas grand-chose à découvrir. L'auteur a vu tous les films, et visiblement s'ennuie. Il remonte nostalgiquement les années enfuies, un temps où il faisait si bon vivre, où les filles étaient totalement complices.

Un «jeune vieux» qui, surtout, ne veut pas devenir sage se penche sur son passé. Un bourgeois pleure pour les pauvres prolos. Folklore germano-pratin qui toucherait davantage s'il savait être drôle. Pavane pour l'amour déçu du cinéma, irritante parfois par la complaisance qui s'y étale à l'égard de son cher petit moi. Strictement réservé à la tribu, aux «paroissiens».

LOUIS MARCORELLES.

Le Monde, 10-11 mai 1981.

IN GIRUM IMUS NOCTE
ET CONSUMIMUR IGNI

Locution latine lisible de gauche à droite ou de droite à gauche et que Guy Debord traduit ainsi : « Nous tournons en rond dans la nuit et nous sommes dévorés par le feu. » Sous ce titre et sur des images dont on ne saisit pas toujours le rapport avec le texte, le cinéaste déclame un réquisitoire contre l'ordre établi.

Que la société brime l'individu, c'est manifeste. Qu'elle étouffe l'opinion et la révolte, c'est certain. Mais ne peut-on le dire moins solennellement ? Guy Debord est un orateur bien docte et bien condescendant. C'est aussi un phraseur redoutable. Il lui arrive même de phraser de près.

Le Canard enchaîné, 13 mai 1981.

IN GIRUM IMUS NOCTE
ET CONSUMIMUR IGNI

DE GUY DEBORD

Guy Debord retrace un itinéraire intellectuel qui est sien et qui fait naître des formes spécifiques, refusant toute concession, et d'autant plus efficaces qu'elles se confrontent à des citations cinématographiques ou photographiques qui sont leur antithèse. Il nous place ainsi devant une structure « en opposition », dont l'intransigeance empêche toute tentative d'ouverture, toute introduction de contradictions. On pensera selon les cas qu'il faut y voir un refus de toute « récupération » idéologique ou bien la prétention d'une pensée qui n'est centrée que sur elle-même... Toujours est-il que le jeu de l'opposition est joué à fond et que face à un pouvoir qu'il dénonce avec une extrême lucidité, le discours de Debord demeure muet sur les interactions qui n'ont pas manqué de naître de cette opposition même. Le film est un peu trop construit, donc, sur une parole qui ne se cherche ni sources ni influences, mais s'impose comme une évidence née de l'expérience.

Si c'est aujourd'hui que ce constat est effectué, c'est peut-être aussi que depuis l'époque des combats qu'il décrit, d'autres voix se sont levées, depuis d'autres bases, et d'autres expériences ; aussi la nostalgie qui parcourt le film, nostalgie d'une vie devenue impossible depuis que « les villes ont été perdues », est-elle avant tout celle d'une certaine unité de l'action et du discours. Le film a le mérite rare d'aller jusqu'au bout de sa logique. Le spectateur « privé de tout » sera aussi privé d'images : par l'écran blanc d'une telle provocation, il se sentira interpellé bien plus directement que par la progression rigoureuse du parlé. L'image (ou l'absence d'image) le dépossède ainsi de ses référents habituels pour mieux lui exposer ensuite ce qui tisse la servitude de son statut de spectateur. Le montage visuel anime l'intérêt pour le texte lu en voix off, et y renvoie sans cesse.

In girum… est une belle construction logique — le titre forme d'ailleurs un palindrome —, une forte dénonciation d'un système social et cinématographique, mais finalement une œuvre assez stérile puisqu'elle se clôt constamment sur elle-même.

ALAIN SCHMITTZE.

Cinématographe, juin 1981.

IN GIRUM IMUS NOCTE
ET CONSUMIMUR IGNI

LE DERNIER FILM DE GUY DEBORD
EST DIFFUSÉ CETTE NUIT SUR CANAL 68

> *Dans la culture moderne, Debord n'est pas mal connu,*
> *il est connu* comme le mal.
>
> Asger Jorn

Un carton, dans le précédent long métrage de Guy Debord, nous le rappelait : « Et le mois de mai ne reviendra jamais, d'aujourd'hui à la fin du monde du spectacle, sans qu'on se souvienne de nous. » Pour ceux qui ont la mémoire courte on ne pouvait que conseiller d'aller voir *In girum imus nocte et consumimur igni,* sorti depuis près d'une quinzaine à Paris. Les critiques de cinéma ne s'y sont pas trompés : tandis que la confrérie se croisait la plume (en colportant mille absurdités écœurantes par derrière) deux voix s'élevaient.

Un plumitif du canard du pouvoir *(Le Canard enchaîné)* couinait à propos « d'images dont on ne saisit pas toujours le rapport avec le texte » et ironisait, de sa basse-cour, sur un « phraseur qui phrase de très près ». Quant à l'impératrice douairière Marcorelles du « journal officiel de tous les pouvoirs », elle ne s'embarrasse pas de mots. « Un bourgeois pleure pour les pauvres prolos »… « Folklore germano-pratin qui toucherait davantage s'il savait être drôle.» Quand on sait l'estime dans laquelle cette pauvre chose tient les malheureux *Cahiers du cinéma*, on comprend ces borborygmes sentencieux. Les mêmes *Cahiers du cinéma* n'avaient-ils pas alors (et ils se relevaient à peine de leurs délires stalino-lacaniens entrecoupés de «G.R.C.P.») commis une misérable petite notule, à propos de *La Société du Spectacle* que l'on expédiait en gémissant des «Bip-bip... Marxologue» *(sic)*. Au moins voilà des veuves qui ne sont pas abusives.

LES DONNEURS DE LEÇONS

Au fond cette hostilité, cette persécution contre Debord et ses œuvres ne sont pas étonnantes : Debord n'épingle-t-il pas dans son film «les spectateurs spécialisés qui font la leçon aux autres», et plus particulièrement les «tarés capables de soutenir qu'une vérité énoncée au cinéma, si elle n'est pas prouvée par des images, aurait quelque chose de dogmatique. [...] La domesticité intellectuelle de cette saison appelle envieusement "discours du maître" ce qui décrit sa servitude : quant aux dogmes ridicules de ses patrons, elle s'y identifie si pleinement qu'elle ne les connaît pas. Que faudrait-il prouver par des images? Rien n'est jamais prouvé que par le mouvement réel qui dissout les conditions existantes, c'est-à-dire l'organisation des rapports de production d'une époque et les formes de fausse conscience qui ont grandi sur cette base. [...] Les images existantes ne prouvent que les mensonges existants... »

Debord, dont un précédent recueil de scénarios s'intitulait *Contre le cinéma*, ne s'embarrasse pas de mots quant à la nature dudit septième art : « Les anecdotes représentées sont les pierres dont était bâti tout l'édifice du cinéma. On n'y retrouve rien d'autre que les vieux personnages du théâtre, mais sur une scène plus spacieuse et plus mobile, ou du roman, mais dans des vêtements et environnements plus directement sensibles. C'est une société, et non une technique, qui a fait le cinéma ainsi. Il aurait pu être examen historique, théorie, essai, mémoires. Il aurait pu être le film que je fais actuellement. »

SUR L'ÉCRAN BLANC

In girum imus nocte a été achevé en mars 1978. L'impératrice douairière du *Monde* a beau jeu de baver sur la « marguerite de Gaumont », les producteurs n'en ont pas voulu pendant trois ans, jusqu'à Karmitz pour son prisunic démaoïsé. Ils ont beau jeu ces sagouins de la conspiration du silence de dénoncer le mode de distribution du film, lequel a bel et bien été blackouté pendant trois ans.

Mais de quoi est constitué ce film qui les irrite tant ? Des images fixes, photos, comics strips, peintures, publicités sur lesquelles la caméra glisse un œil dévorant, bribes de films repiquées çà et là dans le cinéma-de-qualité (*Les Enfants du paradis, Les Visiteurs du soir*), de série B, John Ford ou Walsh que sais-je, de série Z, de films russes d'actualité, de fragments de films antécédents de l'auteur comme *Du passage de quelques personnes à travers une très courte unité de temps, Critique de la séparation,* et de son premier long métrage *Hurlements en faveur de Sade,* d'une promenade dans Venise, de quelques cartons, et de séquences où l'écran reste blanc, ou noir. *Hurlements en faveur de Sade* (1952), justement, ne comportait aucune image, seulement une bande son. Une vingtaine de minutes de dialogues étaient dispersées dans une heure de silence. L'écran blanc pendant les dialogues — consistant d'éléments préexistants, coupures de presse, fragments du code pénal ou de littérateurs — s'éteignait pendant les silences. Quelques années après, remarquait Asger Jorn dans sa préface à un premier recueil de scénarios de Debord, John Cage introduisait le silence dans la musique moderne. Mais ici la séquence où l'écran reste blanc est précédée d'un carton : « Le spectateur, privé de tout, sera désormais privé d'images. »

Et c'est au spectateur, au public, que Debord s'en prend de prime abord. La première image du film, c'est une photo du « public actuel d'une salle de cinéma, regardant fixement devant lui » et qui « fait face, en un parfait contrechamp, aux spectateurs, qui ne voient donc qu'eux-mêmes sur cet écran ». Là-dessus, Debord en voix off : « Je ne ferai dans ce film aucune concession au public. Plusieurs excellentes raisons justifient, à mes yeux, une telle conduite ; et je vais les dire. Tout d'abord, il est assez notoire que je n'ai nulle part fait de concessions aux idées dominantes de mon époque, ni à aucun des pouvoirs existants. Par ailleurs, quelle que soit l'époque, rien d'important ne s'est communiqué en ménageant un public, fût-il composé des contemporains de Périclès ; et, dans le miroir glacé de l'écran, les spectateurs ne voient présentement rien qui évoque les citoyens respectables d'une démocratie.

Voilà bien l'essentiel : ce public, si parfaitement privé de liberté, et qui a tout supporté, mérite moins que tout autre d'être ménagé. Les manipulateurs de la publicité, avec le cynisme traditionnel de ceux qui savent que les gens sont portés à justifier » (ici une image d'un grand ensemble, puis d'une employée moderne dans sa baignoire, avec son jeune fils) « les affronts dont ils ne se vengent pas, lui annoncent aujourd'hui tranquillement que "quand on aime la vie, on va au cinéma". Mais cette vie et ce cinéma sont également peu de chose ; et c'est par là qu'ils sont effectivement interchangeables avec indifférence.

Le public de cinéma, qui n'a jamais été très bourgeois et qui n'est presque plus populaire, est désormais presque entièrement recruté dans une seule couche sociale, du reste devenue large : celle des petits agents spécialisés dans les divers emplois de ces "services" dont le système productif actuel a si impérieusement besoin : gestion, contrôle, entretien, recherche, enseignement, propagande, amusement et pseudo-critique. C'est là suffisamment dire ce qu'ils sont. »

CES MORTS QUI CROIENT VOTER

Le spectateur est attaqué parce qu'il tolère des marchandises avariées, parce que lui-même est une marchandise avariée.

Ces « salariés pauvres qui se croient des propriétaires », ces « ignorants mystifiés qui se croient instruits », ces « morts qui croient voter, ne sont que des chiffres dans des graphiques que dressent des imbéciles ». Mais Debord ne parle pas uniquement du public de cinéma dans son film. Il parle de lui, plus directement que dans le livre, *Mémoires* qu'il écrivit très jeune, constitué uniquement d'éléments pré-existants. Ici, il remplace « les aventures futiles que conte le cinéma par l'examen d'un sujet important : lui-même ». Les mêmes qui iront s'extasier sur des autoportraits de peintres célèbres, les mémoires de tel ou tel, ou même la confession de Bakounine, crient au scandale : le bougre nous incommode, avec son moi.

Ce sont les mêmes sans doute qui achetaient hier le livre qu'une modiste-fonctionnaire de la pensée consacrait, dans une collection universitaire, à elle-même. Livre sans aucune allusion ouverte à ses goûts amoureux (« je n'aime pas les femmes en pantalon » en est-ce une suffisante ?). Pauvrette qui mourut écrasée sans avoir dormi une nuit entière avec un garçon, et sans avoir écrit son traité des gigolos. Nul doute qu'une de ses pairesses ne s'y mette bientôt, et nous tartine quelque livre de fracassantes révélations réchauffées.

Debord est pourtant très simple quand il nous raconte l'histoire de sa vie et de ses amours. Et explique non moins simplement ses étranges facultés : « La sensation de l'écoulement du temps a toujours été pour moi très vive, et j'ai été attiré par elle, comme d'autres ont été attirés par le vide ou par l'eau. »

Et qui mieux que lui rendra hommage à ses amis d'antan, comme cet Ivan Chtcheglov dont ceux qui s'esbignent à fourrer de la dérive dans n'importe quelle copie semblent ignorer le nom aujourd'hui. Et mettre le doigt sur la dévastation qui s'est abattue sur Paris.

UN PEUPLE SANS IMAGES

«Paris alors, dans les limites de ses vingt arrondissements, ne dormait jamais tout entier, et permettait à la débauche de changer trois fois de quartier dans chaque nuit. On n'en avait pas encore chassé et dispersé les habitants. Il y restait un peuple qui avait dix fois barricadé ses rues et mis en fuite des rois. C'était un peuple qui ne se payait pas d'images. On n'aurait pas osé, quand il vivait dans sa ville, lui faire manger ou lui faire boire ce que la chimie de substitution n'avait pas encore osé inventer.

Les maisons n'étaient pas désertes dans le centre, ou revendues à des spectateurs de cinéma qui sont nés ailleurs, sous d'autres poutres apparentes. La marchandise moderne n'était pas encore venue nous montrer tout ce qu'on peut faire d'une rue. Personne, à cause des urbanistes, n'était obligé d'aller dormir au loin.»

Mais me voilà fatiguée de vous recopier de façon incohérente des passages du texte de ce film. Alors si vous ne pouvez pas regarder le canal 68, vers quatre heures du matin, la diffusion pirate de ce film, il ne vous reste plus qu'à aller le voir. Et à lire le texte original paru aux éditions Champ Libre : Guy Debord, *Œuvres cinématographiques complètes, In girum imus nocte*. Au cinéma Quintette-Pathé, 6-8-10, rue de la Harpe, M° Saint-Michel. Tél. 354 35 40.

HÉLÈNE HAZERA.

P.-S. Excusez cette maspérisation sauvage, confuse et déplacée.

P.P.-S. La diffusion de fausses nouvelles est passible de poursuites.

Libération, 3 juin 1981.

NI DROITE, NI GAUCHE

La France n'aime les révoltés que morts, enterrés et reliés dans la Pléiade, à moins qu'ils ne se mettent d'eux-mêmes jaquette et bicorne. Alors, comme avec la mafia, c'est donnant donnant. Tu me cèdes ton passé, je te refile un bout de mon avenir. Tu te rognes les dents, je te refais presque à neuf.

Et ainsi de suite.

Mais, toujours comme avec la mafia, qui, quoi qu'on en dise, n'a pas pu empêcher que ses fils lui chient à la gueule, ce ne sont pas les meilleurs qui rentrent dans le rang. Ni Gallo, ni Debray ne sont des créateurs. Ni Miller, Arthur s'entend, ni Styron, William pour sûr, ne sont des destructeurs. Tout au plus sont-ils des raconteurs, des bricoleurs, des faiseurs. Mais, finalement, qu'est-ce qu'on en a à foutre ?

Car ce qui compte, c'est ce qui s'élabore à l'ombre de l'État, contre lui, puisque toute écriture est radicalement subversive. Il n'y a donc ni droite, ni gauche en écriture, il y a la protestation et puis c'est marre, Paraz autant qu'Artaud (il faut absolument lire *Cahiers de Rodez* récemment rassemblés par Gallimard dans le cadre des *Œuvres complètes*, volumes XV et XVI).

Donc, un écrivain, un artiste, ne se définit ni par ses déclarations, ni par ses pétitions, mais par ce qu'il met à jour de lui-même dans ses œuvres.

Ainsi, en ce moment, dans l'indifférence critique, passe sur les écrans un film qui, par anticipation puisqu'il date de 1978, annule bien des effets irritants, et grotesques, de cette prise de pouvoir façon Dandin. Il s'agit de *In girum imus nocte et consumimur igni*, que je souhaiterais traduire par « Au plus profond de la nuit tandis que nous disparaissons dans le feu », titre qui forme un palindrome, c'est-à-dire qu'il peut être lu indifféremment de droite à gauche ou de gauche à droite en conservant le même sens. C'est là un trait d'humour propre à Guy Debord, l'auteur du film, qui m'a toujours paru plus proche de Satie ou de Swift que de Bakounine ou de qui l'on voudra.

Donc, voilà un film de Debord, dont on sait que je fais peu de cas comme « penseur », puisque, refusant de miner la langue, de jouer avec elle réellement, de la salir, il a choisi pour s'exprimer de replacer ses mots hors de son époque, dans la poussière de l'antique. Je songe à qui il aime, à Retz et à Saint-Simon, eux qui furent (l'oublierait-il ?) irrespectueux en leur temps des formes. Bref, je n'ai jamais cru à Debord, porteur de vérités définitives, mais j'ai toujours été ému par ce que je trouvais en surplus dans ses textes les plus pincés.

Ainsi, *La Société du Spectacle*, film, me bouleversa par cette volonté acharnée de dompter le temps qui passe (regardez ses photos, elles deviennent de plus en plus floues au fil des âges, comme si Debord refusait son image), de camoufler cette espèce de talent évident à faire surgir les larmes par le détour de la raideur (comme dans Bresson d'ailleurs, mais en plus implacable).

De même *In girum...*, que je mets aussi haut que Mallarmé, et Cocteau, pour ce siècle, se présente comme l'autoportrait d'un homme vieillissant que l'on prétendait théoricien, ce qu'il réfute, tant mieux, et qui ne fut que l'envoyé du Malin sur cette Terre. En résumant aussi grossièrement, j'accumule contre moi les haines les plus disparates. Tant pis, et forçons encore la note ! Ce qui ici, trouble, secoue, ce n'est pas tant qu'il y réaffirme son aversion pour la classe du vide, mais qu'il y avoue vouloir être ce qu'il ne fut pas *au fond*, même s'il aima, même s'il vécut. Qu'importe, ce qui reste, ce sont les crispations, car elles deviennent, tôt ou tard, exemplaires pour les générations qui lèvent. On ne meurt jamais pour rien de rage.

GÉRARD GUÉGAN.

Les Nouvelles littéraires, 4 juin 1981.

IN GIRUM IMUS NOCTE

ET CAETERA...

Il existe des vis sans fin, Guy Debord, lui, a inventé le film sans fin. Significativement, la dernière image s'assortit d'un avertissement au spectateur : «à reprendre depuis le début». Une manière comme une autre de revenir sur le titre *In girum imus nocte et consumimur igni,* que l'on peut traduire ainsi : «De nuit, nous tournons en rond et nous sommes consumés par le feu», et qui présente surtout la particularité d'être un palindrome, c'est-à-dire qu'on le lit de droite à gauche comme de gauche à droite. Toutes les époques de décadence, tous les intellectuels un peu cloîtrés, scribes alexandrins ou moines de la Renaissance irlandaise, ont prisé ce genre de jeu. Guy Debord, pape ô combien ludique des situationnistes, ancien cacique d'une chapelle sur la rive gauche, n'a pu résister à l'attrait de cet exercice de style.

Vous qui entrez, laissez toute espérance, car il n'y a ni forme ni couleur dans la salle obscure où vous allez. *In girum...* est une dérive en noir et blanc au fil d'un lent maelström d'images sans rapport apparent avec le texte parfois beau que dévide, monocorde, un récitant, et d'où émergent, çà et là, de fort belles citations classiques. Inracontable, ineffable. Guy Debord en avertit aimablement les spectateurs : « Plutôt que de proposer un film parmi d'autres, je préfère exposer ici pourquoi je ne fais pas de film... Oui, je me flatte de faire un film avec n'importe quoi, et je trouve plaisant que s'en plaignent ceux qui ont laissé faire de toute leur vie n'importe quoi... »

Si quelqu'un se sent un peu perdu dans le labyrinthe où on l'invite à tourner, ou seulement s'il ressent quelque indifférence, « il doit se désoler de son inculture ou de sa stérilité, et non de mes façons ». Inutile de discuter donc, *In girum...* est radicalement incritiquable.

J'ai voulu cependant enquêter sur ce film au-dessus de toute critique. Mais la Gaumont, qui diffuse ce film (avec des pincettes, il est vrai), refuse d'en parler ; même refus chez le producteur, qui refuse en outre de vous dire où se trouve actuellement Guy Debord, lequel refuserait de toute façon et en toute hypothèse d'accorder la moindre interview. Rien d'étonnant : « il est perdu dans l'examen d'un sujet important : soi-même ».

On en est donc réduit, dans le noir absolu, à tourner en rond, tantôt bercé par les mots, tantôt s'assoupissant. Le bavardage de Guy Debord n'a pas le privilège d'ennuyer toujours. Dans le genre nihiliste dérisoire, il attrape parfois de jolies phrases prétentieuses. « On s'amuse avec nous sur l'échiquier de l'Être et puis nous retournons dans la boîte du Néant. » On se réjouit également, dans ce film sans queue ni tête, de la prédilection de l'auteur pour les scènes de batailles et les charges de cavaleries tirées de vieux films, lesquelles apportent un peu de mouvement et s'opposent fort heureusement aux citations de l'Ecclésiaste. On s'amuse également de quelques clins d'œil, à propos de la chute de Rome ou de la bière Kronenbourg.

Mais à la longue, les procédés d'étudiant vieilli, l'écran parfois vide, les provocations niaisement répétées, la distance trop systématiquement prise par le narrateur pour n'être pas indécente en fin de compte, tout cela rebute, même si un certain dédain séduit. Étudiant vieilli : la célébration de Saint-Germain-des-Prés donne la clé du film, de ses noirceurs et de ses dérisions. Ce sont les propos d'un vieux lion aux gencives douloureuses, nostalgique d'un Paris stupide, d'un tour d'esprit qui n'a pas résisté aux années.

On tourne en rond de mastroquet en mastroquet dès ses plus vertes années, on se sent consumé par le feu lorsqu'on approche le soleil couchant. Malgré l'ennui qu'il distille, *In girum...* dégage un charme qui invite parfois à écouter sa mémoire. Puisque M. Debord aime les citations, on pourrait résumer l'angoisse simple qui soustend ses galipettes de poulain fourbu en un distique : « Tircis, il faut songer à faire la retraite : La course de nos jours est plus qu'à demi faite. »

MARTIN PELTIER.

Le Quotidien de Paris, 5 juin 1981.

IN GIRUM IMUS NOCTE
ET CONSUMIMUR IGNI

POUR GOGOS EN QUÊTE DE GOUROU

En 1973, Guy Debord nous avait déjà donné un film vengeur qui clouait au pilori *La Société du Spectacle*. Aujourd'hui, il récidive, mais en prenant garde d'inclure dans ses anathèmes la société tout entière. Des « cadres » jugés trop serviles, aux « critiques » irrémédiablement incultes, tout le monde en prend pour son grade. Enfin, presque tout le monde... car Guy Debord éprouve une grande tendresse pour lui-même.

Sur un ton nostalgique, il débite, durant une heure trente, un texte qui sent bon le Saint-Germain d'après-guerre et qui révèle son petit marginal dépité. Plus que son narcissisme, on reprochera à l'auteur de distiller son mépris sans une seule pincée d'humour. Résultat : un film bavard d'une insupportable prétention pour gogos en quête de gourou.

VINCENT ROGARD.

Télérama, 13 juin 1981.

VENISE, *WHISPER NOT*
ET LE PALINDROME

GUY DEBORD
IN GIRUM IMUS NOCTE ET CONSUMIMUR IGNI

Venise est un piège à cinéma où seuls peuvent se retrouver les meilleurs. Elle séduit et égare en présentant un état extrême du décor : une ville idéale, parfaite et aléatoire. Les plus innocents ou les plus exaltés l'ont reconstruite sur les plateaux de *Top Hat* ou de *Casanova*, mais d'autres, Losey en tête, s'y sont tout à fait perdus. L'utopie ne pardonne pas à qui fait erreur sur la poésie et la confond avec un savoir et un éclectisme également improbables. Mais elle sait aussi reconnaître les siens. Quelques plans suffisent à installer Guy Debord là où il pourrait être surpris qu'on l'introduisît : dans le club fermé des grands cinéastes.

Ces plans de *In girum...* émerveillent parce qu'ils apportent tout à la fois une part de reconnaissance et une part d'étonnement. La ville est familière, mais elle réussit encore à surprendre. On prend San Giorgio par le travers, on passe au-delà, on traverse le canal de la Giudecca et voici que, à mesure que l'on prend du recul, on découvre le paradoxe d'un paysage où les monuments naissent directement de la mer. Une autre fois, on double lentement la Dogana sans rien montrer, ce coup-ci, du

Grand Canal ou bien on longe l'interminable muraille de l'Arsenal avant de découvrir un bassin qui n'a rien à envier aux ports fantasmatiques de Claude Lorrain. On pénètre enfin dans ces petits canaux secrets qui raccordent sans problème avec quelques plans empruntés au *Terroriste* de De Bosio.

Prendre le film par ce bout-là a un double avantage, esthétique et sensible. Cela permet de rendre compte d'une pratique imprévisible et subtile de la beauté, d'un art en quelque sorte transverse qui privilégie le parcours et le défilement contre l'immobilité et la contemplation. Cela permet aussi de parler immédiatement de ce qui, au travers de ses colères et de ses mises en garde, tourmente Guy Debord. *In girum...* n'en finit pas d'évoquer les fantômes urbains, de relever leurs profils perdus, de reconnaître leurs traces et de montrer leurs ombres. Paris est une capitale oubliée, assassinée, dont il ne reste plus, sur quelques photographies aériennes, que des rues vides et ensoleillées. Florence, à l'autre bout de la déception, est ce paradis perdu d'où Debord a été chassé par une machination policière particulièrement imbécile.

UN MIRACLE CALCULÉ

Et pourtant la nostalgie de *In girum...* ne fait pas le détail de la morale. Elle ne perd pas son temps en se lamentant sur les symptômes d'une quelconque décadence. Ce qu'elle met en scène, c'est une nostalgie lyrique, baudelairienne, où l'on regarde surgir du fond des eaux le regret souriant d'une cité engloutie, un cimetière très reculé où les images s'estompent indéfiniment. Sa mémoire prend la forme d'un discours qui prend ses distances et d'un mirage calculé où tremblent les images du cinéma.

La violence de Guy Debord est étrange. Elle va contre le courant des modes et des habitudes. Elle les regarde de loin. La dénonciation du spectacle et de sa politique est faite dans une langue à la fois véhémente et tenue qui méprise totalement les familiarités du tutoiement et du « parlé », bref de ce style « copain », de ces appels aux jeunes, par où devrait passer, à en lire un ou deux journaux, toute pensée révolutionnaire. Cette dignité ne va pas sans risques. Elle se perd un peu — quelquefois — dans le « je l'avais bien dit », cher aux situationnistes, mais ces égarements restent limités, fortuits, et pèsent peu contre la rigueur et l'intelligence du discours.

Guy Debord n'hésite pas devant la figure, la scansion et la période : l'éloquence. Et il sait en utiliser l'arme. De la publicité à l'exercice du pouvoir, sa rhétorique en laisse peu passer. Même s'il a été écrit il y a quelques années, *In girum…* retrouve des accents singuliers au moment précis de sa sortie, dans ce mois de mai 1981 où, on veut au moins l'espérer, l'équilibre politique a enfin trouvé une chance, en France, de se modifier. Ni allusion cependant et, quoi-qu'il pourrait en avoir, prévision moins encore. Seule importe la permanence, la durée d'une pensée attentive, une obstination toujours insatisfaite et jamais découragée.

Elle ne craint pas non plus, cette violence, de se com-promettre comme on l'a vu avec le regret, de rompre avec cette exploitation optimiste de la modernité où plus d'un, en ces temps de giscardisme finissant, a jugé fruc-tueux de se reconvertir. Mais il faut bien s'entendre. Il n'y a ici ni antiquité ni décombres. Rien à collectionner et rien à reconstruire. Le passé est mort de la même mort que les villes et il est parfaitement inutile de vouloir lui restituer une présence. Guy Debord se refuse à toute exploitation et son regret protège ce refus.

Les documents qu'il s'accorde, comme ces plans tirés d'*Orphée* et qui pourraient, au Café des Poètes, témoigner de ce que fut le Saint-Germain-des-Prés des origines, sont d'une fausseté, ou, au moins, d'une fabrication si apparentes qu'ils ne désignent, n'éclairent qu'un vide, un creux, une plaie. Seul importe, ici, ce qui entretient la blessure et avive la souffrance. Ainsi du thème, littéralement, déchirant du *Whisper not* de Benny Golson qui accompagne les apparitions aériennes d'un Paris figé dans sa solitude. Rien à voir ici avec les lieux communs et les références musicales trop usées, à la Woody Allen. *Whisper not* est le thème — le support et l'énoncé — d'une mélancolie vigilante. Il annonce une fermeture, une relégation, une tentation de l'oubli mais qui ne sont, une fois encore, que la part immergée, secrète, la douleur même de la pensée.

LE PALINDROME

Comme le titre qui est un exemple aussi célèbre qu'anonyme de palindrome en latin[1], le film se lit dans les deux

1. *In girum imus nocte et consumimur igni*, l'animation du générique le montre, se lit aussi bien de gauche à droite que de droite à gauche. Cela peut se traduire par : «Nous tournons dans la nuit et sommes dévorés par le feu».

sens, dans le droit fil de son réquisitoire et, à rebours, dans
la suite discontinue de ses images. Entre quelques pavés
de publicité journalistique, les vues de Venise, le plan de
Paris et, pourquoi pas, quelques moments, simplement,
de blanc, le film se laisse complaisamment envahir par le
cinéma même qu'il met en cause.

On pourrait commenter cet amour et cette haine si, à
vrai dire, le désir ou le mépris n'importaient pas moins
que le corps à corps, le couple étonnant que font le
cinéaste et sa matière. Il feint de se laisser submerger. Ça
vient de partout, du côté de chez Raoul Walsh avec *They
died with their boots on*, du Carné des *Enfants du paradis* ou
des *Visiteurs du soir* et ça s'aventure chez Cocteau. On y
croise Errol Flynn en Custer et Jules Berry en Diable. On
y aperçoit Zorro et Lacenaire. On y trouve également,
subtilement mêlées (car cet afflux, cela va sans dire, ne
doit rien au hasard), les deux versions de *La Charge de la
brigade légère*, l'hagiographie de Michael Curtiz et la critique de Richard Lester.

Impossible en tout cas, et c'est très précisément là que
joue à plein la réversibilité du sens, de donner à ces citations la garantie et la justification d'une règle. Tout y
passe. La domination : le discours de Debord a le plus
souvent le dessus. La soumission : mais il arrive aussi qu'il
cède la place à une bribe de doublage ou à un dialogue
de Prévert. La coïncidence : des réflexions sur la guerre
sont illustrées par le massacre de Little Big Horn. La
contradiction : l'exégèse détruit l'image. Mieux encore,
l'indifférence : le film se casse en deux moitiés inégales
où la parole et les formes ne se prêtent plus attention.

Pas question non plus de vouloir ressortir ici les vieilles
machines théoriques sur l'image et le son, sinon pour

démontrer, au pied de ce mur, leur remarquable faiblesse et leur vieillerie. Sans doute est-il, comme toujours, agaçant de voir un cinéaste prendre les devants, refuser le jeu et se mettre du même coup hors critique. Mais ce retrait ou, si l'on veut, cette hauteur, n'est encore que la dérive, le contrecoup d'une paradoxale herméneutique du sensible.

LOUIS SEGUIN.

La Quinzaine littéraire, 1er juillet 1981.

IN GIRUM IMUS NOCTE
ET CONSUMIMUR IGNI

C'est entendu : les situationnistes ont tout démasqué, tout dénoncé avant tout le monde. Et s'ils n'ont rien dynamité, c'est qu'ils ne l'ont pas voulu. Vingt-quatre ans après la fondation de l'Internationale situationniste et quatorze ans après la publication de *La Société du Spectacle*, Guy Debord revient sur des thèses et des thèmes dont Mai 68 s'inspira largement. Selon sa technique habituelle : des images de hasard, ou presque, illustrent un commentaire qui tient de la théorie et du pamphlet. Certaines analyses et certaines propositions demeurent fulgurantes. Mais, à la longue, le film tourne à l'autocélébration : Debord est épaté par sa propre rigueur. Et on songe au mot de Rivarol : « C'est un avantage de n'avoir rien fait, mais il ne faut pas en abuser. »

P. TH.

L'Express, 3 juillet 1981.

GRAAL FLIBUSTE

J'imagine Guy Debord tel la Mélancolie de Dürer, assis au milieu des objets épars de ses talents, ouvrant sur le monde dévasté ces yeux terribles, ces yeux brûlés fixés sur le néant. Il n'est pas interdit de voir s'imprimer ce visage, ce masque, en filigrane de tous ceux — Prince Vaillant, Lacenaire, le Diable... — que l'auteur propose de lui-même dans cet autoportrait, d'ajouter cette image à l'horizon de celles dont il fait un si dédaigneux usage, ou du moins un usage qui se veut dédaigneux, ce qu'il n'est pas toujours. Parfois les images se vengent. Elles se vengent de deux manières : soit qu'elles soulignent, de leur grossièreté trop voulue (tous les plans d'Errol Flynn), ou de la naïveté de leur « détournement » (les bouts d'*Orphée* et de *La Nuit de Saint-Germain-des-Prés*), ce qu'il peut y avoir, dans la première partie notamment, de point si subtil dans le discours *off* de l'auteur ; soit au contraire qu'elles résistent à celui-ci, ou s'en trouvent exaltées, et, par leur beauté propre, relèvent le défi de cette voix poignante. Naïves peut-être, fausses sans doute, les images du cinématographe ne sont pas n'importe quoi. Et malgré qu'il en ait, l'auteur ne choisit pas n'importe lesquelles.

Ce n'est donc pas tout de suite que la figure évoquée plus haut se superpose dans l'imagination du spectateur à celles que Guy Debord donne dans son film lorsque le «je» de l'auteur émerge, sous cette voix poignante, du discours doctrinal de la première partie, ou plutôt lorsque le «je» biographique décolle du «je» bétonné du début, retranché dans une imprenable forteresse d'arrogance, décolle en quête d'une vie dévorée par le feu, pour produire la beauté consumée d'un objet mélancolique. *In girum imus nocte et consumimur igni* fait le bilan de la jeunesse de l'auteur, dans les termes du deuil et de la mélancolie : cela a été; rien n'a été aussi beau; nul n'a connu amitiés si fortes, amours si éclatantes, plaisirs si intenses, combats si purs; cela n'est plus et tout est cendres. Et, dit cependant la voix, je vois très clairement pourquoi il n'est pas de repos pour moi... Quelle est cette mémoire que résume le palindrome du titre? Quel est le sens de ce palindrome?

In girum imus nocte et consumimur igni... Nous allons en cercle dans la nuit et nous sommes dévorés par le feu. L'auteur avoue, à un certain point de son commentaire, le vertige que lui procure la beauté de cette phrase circulaire, qui est comme le palindrome du palindrome, puisque le contenu de son énoncé épouse et boucle sa forme littérale. Pourquoi ce vertige? À cause d'une perfection. Cette perfection est le sujet même du film de Guy Debord : elle est le sujet même. Ce film, nous prévient-il d'entrée de jeu, «est au-dessus de toute critique»; il ne fait «aucune concession aux spectateurs», et l'auteur détaille longuement, dans le style inspiré du *Manifeste communiste* auquel nous a habitué le situationnisme, les raisons théoriques de sa récusation de ceux (les spectateurs) «privés de tout», qui sont à la fois les producteurs, les soutiens et les victimes de la société du spectacle. Thème connu ; mais ici, paradoxal, puisqu'un film est en principe un spectacle (l'auteur rappelle d'ailleurs en avoir fait un précédent, dénué d'images, composé de plans noirs et blancs). Celui-ci se referme donc sur lui-même. Il apparaît donc en proie à une double perfection : parfait dans sa structure (puisqu'au-dessus de toute critique), il expose la perfection d'une aventure et d'une vie. Cette double perfection trouve à se résumer dans le palindrome du titre, et montre du même coup à quoi tient le vertige du palindrome. Il compose un ordre circulaire parfait : chaque lettre de la phrase est à la place nécessaire, absolue, telle que l'énoncé ne souffre aucune mutilation. Le palindrome exclut la contingence de la lettre. Une lettre en moins, une coquille, le palindrome disparaît. C'est le type même du corps qui ne supporte aucune perte.

Aucune perte, donc aucun objet : il tourne en rond dans la nuit, et est dévoré par le feu. Le corps que n'affecte aucune perte, aucun objet, est lui-même un corps perdu, un objet perdu. D'où la tonalité mélancolique, au sens profond, du film. C'est dans le même sens que Bataille croyait lire, sur le portrait de Hegel âgé, «l'horreur d'être Dieu». Et il y a un accent bataillien dans le film de Debord.

In girum... serait ainsi la formule possible, le blason du savoir absolu qui, dit Hegel, est un cercle de cercles. Il fallait trouver un énoncé tel que le mot cercle soit lui-même encerclé dans sa concaténation littérale. Dans l'ivresse de cette perfection centrée sur soi, le savoir absolu s'identifie aussi bien à la nuit du non-savoir.

C'est sans doute pourquoi Guy Debord ne pouvait tout à fait consentir à produire des images, c'est-à-dire à faire une œuvre, à être simplement un artiste. Ces images, il lui fallait les voler, non les produire. Un corps aussi centré, aussi fermé sur sa jouissance, aussi « encerclé » — il se représente curieusement tel Custer assailli par les hordes indiennes *(They died with their boots on)* —, est sans doute voué à la nuit et dévoré par le feu, il ne saurait qu'avoir en horreur toute production (donc toute œuvre) : rien ne peut sortir de lui. La production, dans cette perspective, est l'aliénation même ; et l'aliénation en effet, à travers la production, la circulation et la consommation des produits et des signes, a été au centre des attaques situationnistes.

Les images ne pouvaient donc ici qu'être serves de la haute certitude du commentaire, de la voix. L'auteur n'est pas un artiste, et il le sait : c'est ce que signifie la figure de Lacenaire, dérobée aux *Enfants du paradis*, l'un des masques dont s'affuble Debord. Lacenaire est le criminel, en quête d'une sombre gloire, mais c'est aussi l'artiste raté : il est celui qui rate l'art dans la voie sans issue du crime : ce qui laisse des regrets. Autre masque, autre avatar : l'auteur est aussi le Diable (Jules Berry dans *Les Visiteurs du soir*). Les flammes lui lèchent les doigts. Au criminel la nuit sans issue (il y a aussi celle du *Troisième homme*) ; au diable le feu dévorant. Ainsi les images « détournées » déclinent elles aussi l'énoncé du palindrome. Le feu et la nuit sont alors comme les emblèmes, les signes du Négatif, au sens hégéliano-marxiste, ce « mauvais côté de l'Histoire » qui est ce par quoi, selon Marx, elle avance, et que l'auteur ici revendique comme son lieu.

Lieu peut-être imaginaire, comme le Paris perdu dont

l'auteur exalte la beauté disparue (Paris leur appartenait), comme le labyrinthe vénitien où, dans le plus beau moment du film, il trouve à symboliser l'époque et le rythme du temps (« de toute façon, on traverse une époque comme on passe la pointe de la Dogana, c'est-à-dire plutôt vite...»). Le spectateur et le critique, récusés et forclos par ce film, sont peut-être en droit de sourire devant ce que Debord nomme lui-même, *in fine,* ses prétentions démesurées. Ils peuvent certes parler de belle âme et de paranoïa. Mais ils ne peuvent rester insensibles à la voix amortie qui parle ainsi, brûlant les images, livrée au vertige du temps. Ils ne peuvent rester insensibles à la grandeur qui en émane. Ne serait-ce que cela : ils ne peuvent être indifférents, en cette époque de tous les renoncements, de tous les arrange-ments, à cette voix seule qui parle d'absolu.

PASCAL BONITZER.

Les Cahiers du cinéma, juillet 1981.

IN GIRUM IMUS NOCTE
ET CONSUMIMUR IGNI

In girum imus nocte et consumimur igni est un long monologue autocomplaisant et nostalgique sur des images qui vont d'extraits de films de Walsh à des travellings dans la lagune vénitienne. Désillusions et bilan-évaluation de l'échec des révolutions *germano-pratines* de l'après-guerre, constituent l'essentiel du *message* de Guy Debord qui s'entête à considérer le cinéma comme une arme anti-spectacle (voir son précédent film : *La Société du Spectacle*).

Le réalisateur, connu pour son situationnisme hargneux et folklorique, tient lui-même à annoncer, dès le début du film, qu'il ne ménagera pas le spectateur. Dans une salle du quartier Latin où passait le film de Debord, un spectateur, visiblement ennuyé et incrédule, s'est étonné de l'absence momentanée d'images, alors qu'il s'agissait d'une volonté du réalisateur, le commentaire continuant par ailleurs... Les images revenues, le spectateur, quasi sorti de la salle, est retourné à sa place et s'est rassis sagement...

Debord, cela se consomme finalement comme le reste... Aurait-il songé, en vivant cette anecdote, qu'il ne produisait pas moins de fascination que le cinéma dit *dominant* et qu'il n'éclairait en rien les spectateurs sur le dispositif imaginaire du cinéma ?

DOMINIQUE PAÏNI.

Cinéma 81, juillet 1981.

IN GIRUM IMUS NOCTE ET CONSUMIMUR IGNI

GUY DEBORD

Dans une première partie, Debord s'adresse au « spectateur moyen » tel que les statistiques le profilent (jeune cadre), et en trace, sur une série de photos fixes, un portrait saisissant, bien qu'y affleure un certain mépris des masses : c'est de massification qu'il s'agit, en effet, et d'asservissement, dans l'illusion à la société impérialiste. Le seul problème est que le public du film, plutôt intellectuel, ne se sent qu'à demi concerné, et qu'il préfère, plus qu'à cette image de la désubjectivation, s'identifier à Debord comme à un personnage du film, *le* personnage du film, puisqu'on n'y entendra, cent minutes durant, que sa voix *off*.

Acquise ainsi l'adhésion du spectateur, Debord peut alors déployer sa propre subjectivité, retraçant son histoire, la proposer pour exemplaire. Et de fait, cette méthode paranoïaque fonctionne ; et d'autant mieux qu'elle prend appui sur ce qui *reste* précisément de cette histoire : l'inébranlable conviction anti-capitaliste, l'exécration tranquille et inentamée de Debord, admirablement figurée dans l'ultime plan du film — cette image lagunaire où quelques pilots résistent à l'engloutissement, et sur laquelle s'inscrivent les mots « à reprendre depuis le début ». Obstination d'autant plus respectable à une époque (1978) où les volte-face ne se comptaient plus, de la « nouvelle » philosophie aux ralliements à l'Union de la Gauche. Debord, au contraire, préfère l'exil à la compromission, « sans réconciliation ni retour » possible dans le jeu étriqué des deux bourgeoisies, du parlementarisme et du syndicalisme.

Il faut saluer chez lui sa ténacité, tant politique que cinématographique. Il ne se fait du reste pas faute de se saluer lui-même en dernier survivant de la dialectique, à l'écart de tout opportunisme. On pourrait lui objecter que sa solitude n'est pas si complète qu'il le dit : mais la seule existence de son film prouve assez qu'il s'en doute, et qu'il suppose au spectateur un point d'accord où brancher son écoute, une entente minimale de son discours, au-delà du mépris qu'il lui adresse.

Cette contradiction est loin d'être l'unique, ni la plus intéressante du film. La plus singulière réside en l'utilisation qu'il fait de séquences extraites de films anciens[1] après avoir fondé sa « société du spectacle » sur l'aliénation d'une perpétuelle mise en représentation ; mais de la représentation elle-même rien, au bout du compte, n'est dit. De ce fait, si Carné se laisse arracher quelques figures diaboliques[2] pour incarner en semi-ironie le propos de Debord, les grandes charges cavalières de Walsh ou de Curtiz échappent quelque peu, par leur massivité, à la dérision : au-delà de la dénonciation des codes aliénants, ils se voit contraint d'admettre la force d'identification

---

1. Procédé similaire au sous-titrage « détourné » appliqué à des films pornographiques ou de karaté (*La dialectique peut-elle casser des briques ?*).
2. Lacenaire des *Enfants du paradis*, et le diable des *Visiteurs du soir*.

que proposent les personnages du cinéma français des années 40, et la dynamique formelle du film hollywoodien de la même époque. Il y a, dans ces longues citations, la même nostalgie qu'à l'égard de Saint-Germain-des-Prés ou plus généralement du Paris de la IVᵉ République, dont il nous conte la progressive défiguration, image de la restructuration de la société par le gaullisme.

Car tel est, passés outre les écarts de langage, le propos organisateur du film : le bilan historique de la société impérialiste et du système de résistance qui lui fait front. Même si ce bilan est empreint de métaphysique, il n'en est pas moins authentique : Debord est plus proche qu'il n'imagine des maoïstes[1], en ce que nous avons le même réel, et le même champ de déploiement d'un processus d'avant-garde qui, face à la victoire de l'ennemi, se conforte dans une subjectivation résistante. Ainsi encore de la référence explicite au marxisme donnée dans l'horizon du communisme ; ou de l'affirmation dialectique que la contradiction se donne entre deux mouvements, et non entre inertie et mouvement.

On s'étonnera moins, dès lors, que pour traiter de ce réel, *In girum...* entre étrangement en résonances avec les principes formels que mettait en œuvre *L'École de Mai*[2], où s'affirmait la même importance du thème de la ville. Avec *Aurelia Steiner*, de Marguerite Duras, et *Fortini/Cani*, de Straub-Huillet, se dessine dans la même modernité une constellation formelle autour d'un sujet commun : celui de la force subjective.

1. Et serait sans doute surpris, de ce point de vue, de la composition politique de son public...
2. De Denis Levy. Cf. *Feuille Foudre*, nº 6.

Chez Debord, cela se constitue dans les limites d'une mémoire poétique, d'une avant-garde prise pour elle-même, close à l'existence du peuple. Ces limites le contraignent à une posture métaphysique, où l'avant-garde est réduite à son discours, sans autre principe qu'idéologique : elle fait figure d'emblème plus que de réalité. De là la référence à Saint-Germain plutôt, par exemple, qu'à Mai 68 ; de là, l'exil et la solitude.

Mais à occuper cette place indue de seul sujet de l'Histoire, Debord parvient à tenir une Histoire des subjectivités politiques abstraite radicalement de l'anecdotique et de l'événementiel, et réussit à ne jamais nommer que lui-même, pour faire plein droit à cette idée forte que toute Histoire véritable est une Histoire du subjectif.

In girum imus nocte et consumimur igni est un palindrome[1] latin qui signifie : « Nous allons en rond dans la nuit et sommes consumés par le feu », parfaite adéquation, aux yeux de Debord, d'une forme et d'un contenu. Mais la forme même de son film excède l'apparente circularité de son contenu : *In girum...* est l'épopée d'un vide, et le film d'une défaite ; mais néanmoins épopée, et défaite héroïque.

NICOLAS VERDY.

Feuille Foudre, automne 1981.

---

1. Phrase qui se lit dans les deux sens.

GUY DEBORD

IN GIRUM IMUS NOCTE ET CONSUMIMUR IGNI :
UN HOMME QUI NE CÈDE PAS

Il est improbable d'armer la révolution de la nostalgie du vieux monde, et d'exhorter à la résistance, quand on tient, avec l'Ecclésiaste, que «les fleuves retournent au même lieu d'où ils étaient partis[1]».

Il est improbable de gagner le statut d'auteur de cinéma avec pour seule maxime l'utilisation d'images «toutes insignifiantes et fausses[1]».

Ces improbabilités composent le film de Guy Debord, *In girum imus nocte et consumimur igni* — nous allons nocturnes dans le tournoiement, et le feu nous consume.

Plus improbable encore est de parvenir à parler d'un film qui fait expressément obstacle à tout commentaire. Debord nous a mis en garde : «Ceux qui disent qu'ils aiment ce film ont aimé trop d'autres choses pour pouvoir l'aimer[2].»

Ai-je trop aimé, pour aimer *In girum...*? Il est vrai que

---

1. Cité du texte de *In girum...*
2. Cité d'un autre film de Debord : *Réfutation de tous les jugements tant élogieux qu'hostiles qui ont été jusqu'ici portés sur le film : «La Société du Spectacle».*

ce film touche de si près au réel qu'il faut pour en transmettre la vertu l'oubli de quelques autres.

L'image fonctionne ici comme allégorie d'un monde dévasté, le nôtre. Elle travaille contre le texte, dont la charge de sens, disposée avec hauteur dans la plus pure des syntaxes, concentre le legs que nous fait un Debord errant et debout. Ainsi le situationniste, au terme du travail de la solitude, affirme-t-il la supériorité définitive de l'écrit sur l'image. Supériorité qui est aussi celle de la révolution sur le carriérisme, et du prolétaire sur sa propre aliénation. Tout se tient.

Le premier temps du film décrit, dans la figure de la misère du spectateur de cinéma, la misère générale des habitants ordinaires de nos métropoles, soigneusement comparés aux esclaves, aux serfs, et aux prolétaires. Ce prologue mène au contenu véritable, quand Debord annonce vouloir « remplacer les aventures futiles que conte le cinéma par l'examen d'un sujet important : moi-même[1] ».

Ce « moi-même » est celui d'un homme de cinquante ans qui, « de prime abord, a trouvé bon de s'adonner au renversement de la société, et a agi en conséquence[1] ». Il en résulte que l'histoire de sa vie, si complaisant qu'en puisse paraître l'énoncé, équivaut à l'évaluation de trente ans de politique subjective sous l'emblème maintenu de la révolution prolétaire et communiste.

Je reconnais tout ce dont parle Debord comme étant cela même qui compte véritablement, et dont il est vrai que le reste, presque tout le reste, n'est que l'inconsistant débris. Et je le reconnais d'autant mieux qu'à l'exception

1. Cité du texte de *In girum...*

des villes — Paris dont Debord annonce qu'elle n'existe plus; Florence, dont comme Dante il fut chassé; Venise, où tout s'achève et recommence — rien dans ce film n'est nommé des événements ou lieux majeurs de la période. Ainsi va-t-on à l'essence temporelle des choses par le manque de leur surface. En quoi Debord est, par excellence, l'anti-journaliste.

Debord est communiste, avec assez de certitude hautaine pour le dire au détour élégant de la phrase. Son film « rend (au spectateur) cet âpre service de lui révéler que son mal n'est pas si mystérieux qu'il le croit, et qu'il n'est peut-être même pas incurable pour peu que nous parvenions un jour à l'abolition des classes et de l'État[1] ».

Debord sait ce que vaut la vision syndicale du monde, et qui sont ses servants, « ce florissant personnel syndical et politique toujours prêt à prolonger d'un millénaire la plainte du prolétaire à seule fin de lui conserver un défenseur[1] ».

Debord sait traiter avec la froideur requise les retournements, les abandons, que les années récentes ont prodigués à si grande échelle : «Je n'ai pas, comme les autres, changé d'avis une ou plusieurs fois, avec le changement des temps; ce sont plutôt les temps qui ont changé selon mes avis[1]. »

Il est si rare de sortir d'un film, comme on fait de celui de Debord, fortifié, allègre, intelligent! Car on a vu, expliquant avec une magnifique lenteur sa transparence intime, un homme qui ne cède pas.

Debord sait que l'engagement historique est le tribunal de la vérité, et que les théories, si corrects ou inventifs

---

1. Cité du texte de *In girum...*

qu'en soient les agencements, « sont des unités plus ou moins fortes qu'il faut engager au juste moment dans le combat[1] ». À quoi ne fait nulle exception la propre théorie de Debord, la société du spectacle, dont il faut dire que, généralisant le thème hégélien de l'aliénation, elle n'avait de force qu'élémentaire et descriptive, et que sa forme dégradée — la polémique contre la « société de consommation » — n'aida personne à éviter la capitulation.

S'il a ces savoirs, Debord, c'est d'avoir très tôt posé la question dont toutes les autres s'éclairent, de s'être demandé « si le prolétariat existe vraiment, et dans ce cas ce qu'il pourrait bien être[1] ».

Le trajet de cette existence est, au fond, le récit de ce vrai auquel on a voué sa vie, et le récit également de tout ce qui s'y oppose. Paris magnifié par la jeunesse rebelle naissante, Paris détruit par Pompidou ; Mai 68, et puis les renégats ; le communisme, et puis l'anti-marxisme ; les situationnistes, les maos, et puis Mitterrand...

Nous avons gardé la tête froide, et tenu le fil d'Ariane de la vérité. Debord nous aide à déclarer : non, nous n'avons pas erré, nous, révolutionnaires inflexiblement altiers de ces décades. Non que nous n'ayons pas fait de vastes erreurs. Mais parce que l'essentiel est de n'avoir pas renoncé, et d'avoir ainsi à notre perpétuelle disposition la ressource subjective de la vérité, et donc de son progrès.

Est-il temps de disputer avec cet interlocuteur intact ? Je le pourrais, de ce que la nostalgie, quoi qu'il en ait, le rend aveugle à l'actualité de ce dont tout son maintien procède. Ce n'est pas impunément qu'on achève trente

1. Cité du texte de *In girum...*

ans d'histoire sur l'image des eaux pleines de la lagune de Venise. «La sagesse ne viendra jamais», dernier mot du film, laisse un peu trop voir qu'à force de solitude on en est menacé. Pour en finir avec la poésie défensive, il faut aussi savoir qu'un peuple est en travail sur soi, ici et maintenant, selon la nouvelle alliance d'une politique qui, s'il s'y incluait, interdirait à Debord de se concevoir comme le survivant austère d'une avant-garde anéantie.

Mais il nous faut comprendre aussi cette fonction conservatoire du poème. Pourquoi donc par deux fois, avec les surréalistes après octobre 1917, avec les situationnistes au début des années 60, est-ce dans la ressource de l'art que la nouveauté des conjonctures produisit, en France, au regard d'un marxisme politique ossifié, la véritable cassure, l'intensité sans précédent, l'écho inouï ? Que le marxisme soit à l'école de cette ruse singulière ! Nous ne manquerons pas, cette fois, le rendez-vous.

Je peux appeler vivant ce marxisme dont Debord, pour ce qui est de l'éthique du sujet, serait l'interlocuteur, et, dans son ordre, l'égal.

En quoi il serait, de ce marxisme, non pas le compagnon de route, mais l'ami, car Debord dit très bien — c'est le thème de son film le plus saturé de noblesse sentimentale — que l'amitié se résout dans l'égalité des amis.

ALAIN BADIOU.

Le Perroquet, 11 novembre 1981.

IN GIRUM IMUS NOCTE
ET CONSUMIMUR IGNI

RÉSUMÉ SUCCINCT

Discours sur le cinéma (contre le cinéma), sur la société spectaculaire marchande, et quelques aspects de la pensée du groupe révolutionnaire (dit « situationniste ») dont fait partie l'auteur — qui prolonge ainsi l'œuvre connue notamment par *La Société du Spectacle*, livre et film (cf. « Saison cinématographique » 1974).

ANALYSE

La traduction du titre du film (Nous tournons en rond dans la nuit / et nous sommes dévorés par le feu) est sans doute moins importante que l'énoncé, en mauvais latin, de deux propositions qui se lisent à l'identique en commençant par la dernière lettre (palindrome). De même, au lieu du sacramental mot FIN, c'est un « à reprendre depuis le début » qui clôt ce film impossible.

Ce nouveau film de Guy Debord (son sixième, et son deuxième long métrage) se compose d'un récitatif qui, comme celui de *La Société du Spectacle*, domine le sens ; le commentaire est souvent indifférent à ce qu'on peut prendre, à tort, pour une illustration. Le matériau-image est très divers : placards publicitaires, photos de presse, bande-annonce *(La Flèche noire de Robin des Bois)*, extraits de film *(Zorro, Lanciers du Bengale* ou autres genres stéréotypés), plans fixes sur des jeux de stratégie, photos de l'auteur et de ses amis, photos aériennes de Paris et de Florence, et aussi prises de vues originales faites à Venise (longs panoramiques sur l'eau). Les rapports de l'image au texte sont aussi diversifiés. Il y a concordance : cas de la critique des aliénés de la société de consommation, considérés comme représentatifs du public normal des salles de cinéma. Il y a dérision, dans la reprise de vieilles bandes cinématographiques et de documents politiques — cette dérision est directe (soulignée par le texte, sans redondance) ou indirecte (la dérision souligne la vacuité de ce qui est critiqué). Parfois aussi le discours suit un défilement d'images sans rapport apparent (panoramiques sur Venise) dans une démarche qui, furtivement, évoque celle des derniers films de Jean-Marie Straub.

Il arrive aussi que le commentaire laisse la place aux dialogues du film selon un rapport ambigu mais, vraisemblablement, de recours à l'expression différée d'une idée analogue (emprunts aux *Enfants du paradis*). Et enfin, s'agissant du rappel de la biographie de l'auteur, et de sa participation aux activités du groupe situationniste, il convient de savoir, ou de deviner, que certaines photos sont celles de Guy Debord et de ses amis.

Dès la première phrase le spectateur a été prévenu : «Je ne ferai dans ce film aucune concession au public», car «rien d'important ne s'est communiqué en ménageant un public» et ce public «qui a tout supporté mérite moins que tout autre d'être ménagé». Et il ne tarde pas à se voir confirmer les refus de l'auteur quant au cinéma : 1° «Les images existantes ne prouvent que les mensonges existants». 2° «Je ne veux rien conserver du langage de cet art périmé...» Démarche de refus, et de subversion révolutionnaire intégrale, la méthode de Guy Debord nous vaut des moments extrêmement savoureux. Le déroulement du film, plus rigoureux qu'il ne semble, conduit inéluctablement à l'écran *vide* (après carton : «Ici les spectateurs, privés de tout, seront encore privés d'images»).

Dans le courant de ce film aux allures de testament, Debord nous a prévenus : au lieu d'ajouter un film à des milliers d'œuvres quelconques, il a préféré exposer pourquoi il ne fera rien de tel.

D. S.

La Revue du Cinéma, Saison cinématographique 1981.

Les deux articles qui suivent ont été signalés à Guy Debord après *la parution de son opuscule. Ils devaient être rajoutés comme* « *important additif corrigeant* Ordures et décombres... *à l'occasion d'une nouvelle édition* ». (N.d.É.)

GUY DEBORD

IN GIRUM IMUS NOCTE ET CONSUMIMUR IGNI

D'ordinaire, au cinéma, il se passe toujours quelque chose. Sur l'écran il y a des images, qui bougent. Dans les images il y a des gens, qui circulent dans une histoire. Quand la séance est terminée les spectateurs sont contents, car ils ont passé un bon moment ; sinon, ils ronchonnent, ils fument des cigarettes en disant que c'était vraiment un mauvais film. Puis ils rentrent chez eux en poussant de petits cris lorsque les agents de police leur infligent une amende pour les punir d'avoir outrepassé le seuil de tolérance du Code de la route. Avant de se coucher ils mangent des œufs sur le plat en regardant une farce à la télévision, leurs bouches mâchent et rient. Au lit, ils sont cernés par les images ; quand ils s'endorment ils revoient l'actrice en petite tenue, une dernière fois ils se disent : c'est drôlement bien le cinéma.

Avec Guy Debord le spectateur se voit frustré de la plupart des gâteries dont il a l'habitude ; ni personnages, ni histoire ; des images le plus souvent fixes (photos de publicité par exemple), mouvantes çà et là (extraits de films : *Les Visiteurs du soir,* westerns de John Ford, œuvres précédentes de l'auteur), mais parfois l'écran reste blanc durant plusieurs minutes. La bande-son est exempte de musique ; pendant une heure et demie les oreilles du spectateur sont investies par un prêche anarchiste que débite la voix monocorde de Guy Debord. Évidemment il y a là de quoi dérouter le plus hardi des rocardiens.

In girum imus nocte et consumimur igni : on nous parle de l'au-delà, quelqu'un ose enfin sortir du cadre, décrire le tableau de l'extérieur. Guy Debord démonte soigneusement la mécanique dans laquelle nous évoluons, ainsi que le réveille-matin qui grince dans nos têtes et nous fait croire — quand il sonne — au génie humain. *In girum...* vexe et humilie le spectateur : le riche se sent misérable, le pauvre renie rageusement son passé de syndicaliste, alors que le cadre moyen met en doute les vertus de la libre entreprise. Nous sommes en présence d'un film révolutionnaire.

Certes, ce n'est qu'un mince hurlement dans le brouhaha de l'époque ; personne ne l'entendra, et il est inutile. C'est un obscur bijou de l'intelligence, un œil de vitriol dans la soupe glaireuse des années 80.

RÉGIS JAUFFRET.

Art Press, juillet-août 1981.

TENTATIVE DE REDRESSEMENT
DE QUELQUES JUGEMENTS TORVES
CONCERNANT LE DERNIER FILM
DE GUY DEBORD

Le situationnisme n'est pas, comme le définit le *Robert*, un « mouvement étudiant dirigé contre les structures existantes et les gens en place ». La théorie situationniste fut un des mouvements des années soixante, qui sut pousser l'analyse de la société moderne à son point de lucidité maximale. Un laboratoire d'idées qui produisit quelques notions — économie spectaculaire-marchande, contestation, récupération, détournement, survie — suffisamment riches et opératoires pour avoir survécu au mouvement. Un laboratoire d'analyses qui eut la particularité de ne jamais se tromper dans ses conclusions. Le mouvement lui-même s'est sabordé il y a presque dix ans, ce qui n'empêche pas certains de ses anciens participants de manifester encore ponctuellement la justesse de leur réflexion.

Dans le douzième et dernier numéro d'*Internationale Situationniste*, les rédacteurs avaient classé quelques jugements concernant leur mouvement, « selon leur motivation dominante ». De « la bêtise » à « la démence », en passant par « le confusionnisme intéressé » ou « la calomnie démesurée », l'éventail des catégories était largement ouvert, délimitant une esthétique de la réception qui n'avait rien d'innocent. En cette fin d'année 1969, il était tout à fait normal qu'une presse complaisante à clamer le soulagement de l'après-Mai 68 s'acharne à dénaturer une théorie qui avait trouvé dans les « événements » une vérification pratique de ses analyses. Douze ans plus tard, on aurait pu croire que l'éloignement historique et le changement de perspectives permettant des réactions moins marquées, les journalistes manifestent, sinon une sympathie, du moins une connaissance plus objective de ce qu'ils ont à traiter. Par bonheur, il n'en est rien, et les quelques brefs articles consacrés au dernier film de Guy Debord semblent avoir été composés tout exprès pour entrer dans les anciennes catégories évoquées. Avec une moins grande variété, certes, les seules motivations semblant être la bêtise et le confusionnisme spontané, mais avec la même obstination simplificatrice et la même ignorance satisfaite. Inutile de chercher lequel, d'entre *Le Monde*, *Télérama* ou *Cinéma 81*, emporte le titre du meilleur botaniste d'idées reçues ou du meilleur défonceur de portes battantes. Après tout, il serait curieux de voir les mêmes qui s'hypnotisent sur le dernier ectoplasme benoîtjacquotien s'intéresser à un film aussi rugueux d'aspect qu'*In girum imus nocte et consumimur igni* : des plans fixes, des extraits d'anciens films, un documentaire sur Venise, et un monologue d'une heure trente même pas signé par Marguerite Duras ! Impossible même de lui coller le confortable label de « l'avant-garde ». Alors, à quoi bon tenter de voir ce que montrent ces plans fixes et comment le texte les éclaire, comment les extraits choisis s'intègrent métaphoriquement au discours de Debord ou sur quels moments de la narration vient s'articuler le travelling vénitien ? Pénétré

de la rassurante certitude que si on ne comprend rien,
c'est qu'il n'y a rien à comprendre, mieux vaut se débar-
rasser du film en quatre bouts de phrases interchangeables, où s'entremêlent des appréciations aussi radicales
que « folklore germanopratin », « révolté sans cause » ou
« situationnisme hargneux » ; la belle affaire !...

Certains y voient même un « amour déçu du cinéma »,
alors que s'il existe une chose dont Debord s'est toujours
peu soucié, c'est bien le respect du cinéma en tant que
genre. Son analyse de la société en tant qu'accumulation
de « spectacles » séparés, tout ce qui était directement
vécu s'éloignant dans une représentation, n'avait aucune
raison d'en soustraire une activité aussi propre à matéria-
liser « l'inversion concrète de la vie ». Le cinéma, au même
titre que toute autre production culturelle, manifestait un
certain niveau de décomposition de la conscience de la
société moderne. Et lorsque Debord prit la peine, en septembre 1964, de rassembler les découpages des trois films
qu'il avait tournés entre 1952 et 1961, il les présenta sous
le titre commun de *Contre le cinéma*. Pourquoi utiliser un
médium artistique alors que l'on se situe résolument
contre ce médium ? Tout simplement parce que le cinéma
n'était pas, par essence, malfaisant, et que, détourné de
son sens consommatoire premier, il pouvait constituer un
véhicule apte, comme le livre, la bande dessinée subvertie
ou le graffiti, à transmettre ce qu'on voulait lui confier
(« le cinéma est un domaine secondaire, mais susceptible
d'un meilleur usage »). Rien de foncièrement original
dans cette conception d'un cinéma révolutionnaire, sinon
que dès son coup d'essai, Debord avait conduit la radi-
calité à un niveau rarement atteint, ni avant, ni depuis
(dix-sept ans plus tard, Godard, toujours à l'avant-garde,

réutilisa en partie le procédé dans *Le gai savoir*) : en 1952, les quatre-vingt-dix minutes d'*Hurlements en faveur de Sade* comportaient une heure dix d'écran noir et muet et vingt minutes d'écran blanc sonore. Provocation, certes, dans la cohérence de l'Internationale lettriste que Debord animait alors. Mais ses courts métrages suivants, *Sur le passage de quelques personnes à travers une assez courte unité de temps* (1959) et *Critique de la séparation* (1961), reprenaient, sans aller aussi loin dans le refus, la technique déjà utilisée pour la bande-son du premier : séquences réelles, cartons, comics, citations privées de sens apparent. L'ensemble correspondait à la théorie alors illustrée par l'I. S., théorie du mode d'emploi du détournement « comme négation et comme prélude », expression du dépérissement de la production artistique — ce que Godard redécouvrira quelques années plus tard et qu'Aragon cautionnera pompeusement comme « collage ». En gros, le réemploi d'éléments déjà existants dans une unité nouvelle — activité déjà exercée par Lautréamont et Duchamp, pour s'en tenir aux grands anciens —, dans une perspective destructrice de dévalorisation du « passé culturel ». Sans doute, s'ils avaient été exploités, ces films auraient éveillé la même incompréhension que les premiers panoramas de l'« underground » américain à la Cinémathèque française dans les années 65...

En 1974, lorsque Debord présenta *La Société du Spectacle*, le film connut un succès de curiosité. Il faut reconnaître que la déception fut à la mesure de la curiosité : le bout-à-bout de séries B américaines, même accompagné de la lecture de quelques thèses de *La Société du Spectacle* (le livre), ne paraissait pas un détournement très opérant — bien moindre en tout cas que celui effectué les années précédentes par René Viénet, autre « situ », sur deux films kung-fu, *Du sang chez les maoïstes* et *La dialectique peut-elle casser des briques* ? Il ne s'agissait plus d'un film contre le cinéma, ni vraiment pour : d'où l'impression d'inachèvement dans un sens et dans l'autre. Il y a gros à parier que Debord s'en fichait d'ailleurs complètement : le film était une façon de mettre fin à une époque, celle de l'I. S en tant qu'activité constituée : d'autres perspectives théoriques et pratiques devaient être instaurées, dans lesquelles le cinéma n'avait que peu de place.

Il n'en est que plus étonnant de le voir, quatre ans plus tard (*In girum imus nocte et consumimur igni* date de 1978), y revenir : et, caractère beaucoup plus étonnant, sous une forme accessible. Le seul clin d'œil que se permet Debord, c'est l'utilisation d'un extrait de son premier film (l'écran blanc), comme pour montrer la distance écoulée. Le reste, quoi qu'en écrive Manchette, pourtant très averti quant à l'I.S., n'est pas « fait ouvertement contre le cinéma, contre les spectateurs, et ainsi de suite » *(La Semaine de Charlie)*. À la condition d'en posséder la clé, c'est-à-dire d'en savoir sur les situationnistes un peu plus que ce que le *Robert* en écrit, c'est même un film extrêmement limpide. Après le préambule qui reprend certaines attaques contre les consommateurs culturels, déjà anciennes mais suffisamment lucides pour n'avoir pas besoin d'être actualisées, Debord, dans un commentaire à la première personne, va retracer son itinéraire des trente dernières années, du lettrisme à l'ère post-I. S. Nostalgie, comme on s'est plu à l'en accuser ? Bien sûr, dans la mesure où personne ne revient sans émotion sur les années écoulées, surtout lorsqu'elles ont eu une charge aussi positive. Mais le regret du Paris des années 50, à l'époque où le

« continent Contrescarpe » n'était pas encore une usine à bouffe, ou l'évocation d'Ivan Chtcheglov, compagnon pour qui Debord retrouve les accents de Breton saluant Jacques Vaché, ne participent en rien d'une faiblesse d'ancien combattant ou de « petit marginal dépité », comme dit *Télérama*. Ils sont les constituants d'une histoire, les moments d'un itinéraire. Le rapprochement avec Breton n'est pas forfait, aussi tendus qu'aient pu être les rapports entre surréalistes et situationnistes : il est temps de se rendre compte que Debord est, entre autres choses, un superbe artisan du verbe. Et que sa prose si particulière ne se réduit pas au procédé hérité de Hegel de l'inversion du génitif, mais se fonde sur la cohérence d'un style où l'ironie se mêle à la rigueur classique. Le texte d'*In girum...* en est un parfait exemple. Encore faudrait-il l'écouter.

Quant aux extraits de films, ils ne représentent pas, quoi qu'en pense *Le Monde*, des souvenirs d'enfance. Ils ne sont même pas employés dans l'habituelle perspective du détournement. Ils fonctionnent simplement comme un commentaire métaphorique de la bande-son, métaphores si transparentes qu'il faut être bien peu attentif pour ne pas les voir. D'Errol Flynn, dernier combattant de la brigade légère, à Marcel Herrand-Lacenaire des *Enfants du paradis*, en passant par le Jules Berry-Satan des *Visiteurs du soir* ou Zorro dans un « serial » non identifié, à chaque fois l'équivalence s'impose entre le narrateur et le héros solitaire, un peu criminel et vaguement diabolique. Mythomanie ? Projection poétique, plutôt, à peine outrée lorsque l'on connaît la situation de Debord, son semi-exil, sa légende dorée et l'importance occulte qu'il a conservée dans les milieux de l'ultra-gauche européenne.

Un film sur le désenchantement post-révolutionnaire ?

Certes pas. Mais une pause dans le discours théorique debordien, une manière de retour sur soi à la charnière de la presque cinquantaine : rien n'est oublié de ce qui a fait la force des idées transmises par l'I. S. durant quinze ans ; même en nos périodes de réformisme tranquille, faisons confiance à la vieille taupe révolutionnaire, toujours tenace, pour conserver quelques galeries à explorer. En 1974 et en 1981, *La Société du Spectacle* et *In girum...* ont été présentés entre les deux tours de l'élection présidentielle. Il ne reste plus que sept ans aux critiques pour réassortir leur sottisier.

LUCIEN LOGETTE.

Jeune Cinéma (septembre-octobre 1981).

Composition Interligne.
Reproduit et achevé d'imprimer
sur Roto-Page
par l'Imprimerie Floch
à Mayenne, le 27 septembre 1999.
Dépôt légal : septembre 1999.
Numéro d'imprimeur : 47031.

ISBN 2-07-075679-3 / Imprimé en France.

92608